AF273835

# Aplicaciones prácticas de la inteligencia artificial en la educación

Para Educación Infantil, Primaria, Secundaria,
Bachillerato y Formación Profesional

Florentino Blas Fernández Cueto

# Aplicaciones prácticas de la inteligencia artificial en la educación

## Para Educación Infantil, Primaria, Secundaria, Bachillerato y Formación Profesional

**Florentino Blas Fernández Cueto**

*Aplicaciones prácticas de la inteligencia artificial en la educación*

© 2025 Florentino Blas Fernández Cueto

Primera edición, 2025

© 2025 MARCOMBO, S. L. www.marcombo.com
Gran Via de les Corts Catalanes 594, 08007 Barcelona
Contacto: info@marcombo.com

Maquetación: Reverté-Aguilar, S. L.
Corrección: Anna Alberola
Directora de producción: M.ª Rosa Castillo

ISBN: 978-84-267-4058-8
D.L.: B 14808-2025

Impreso en Servicepoint
*Printed in Spain*

**Libro ecológico**
Impreso con papel procedente de bosques gestionados de manera eficiente, libre de cloro.

A mis padres. *In memoriam*

# AGRADECIMIENTOS

Quiero expresar mi más sincero agradecimiento a los siguientes docentes por su valiosa colaboración en la revisión de los contenidos de este libro:

- **A Mari Carmen Fernández Bustabad**, catedrática de orientación educativa.

- **Eva Leira Bouzamayor**, catedrática del IES Sofía Casanova de Ferrol.

- **Carlos Fuente Díaz**, maestro de Educación Primaria y especialista en Audición y Lenguaje en CEIP de Seara en Moaña.

- **Óscar López Serra**, profesor de Secundaria en el CIFP Ferrolterra.

- **Mercedes Orbaneja Fernández**, profesora de Secundaria en el CPR Ayala de Narón.

- **Carolina Casal**, profesora de Secundaria en el IES de Catabois, Ferrol.

Asimismo, agradezco al **Centro de Formación del Profesorado de Ferrol (CFR)** el constante apoyo que me ha brindado en todos los proyectos que he desarrollado, así como sus valiosas aportaciones para la mejora e innovación educativa.

# ÍNDICE

# CAPÍTULO 1 – COMPRENSIÓN DE LA IA PARA LA EDUCACIÓN

Bueno, pues ya estamos aquí, en el punto de partida. **Antes de lanzarnos de cabeza al fascinante mundo de la inteligencia artificial (IA) y descubrir cómo puede facilitarnos la vida (créame, tiene un potencial enorme para preparar las clases, impartirlas o incluso ayudarle a corregir), me parece fundamental que nos detengamos un momento.** Este primer capítulo se centra precisamente en entender qué es la IA para la educación: no puede comenzar a utilizarla sin conocer antes cómo funciona, cuáles son sus limitaciones, qué características presentan las IA educativas, etc.

También permítame comentarle algo. **Quizá esté pensando en leer este libro de principio a fin, sumergirse en el universo de la IA, pero sin usar dispositivos tecnológicos durante la lectura. ¡Es completamente posible!** Podrá seguir el contenido, comprender los conceptos clave y explorar las posibilidades de la IA solo leyendo estas páginas. El conocimiento teórico esencial está a su alcance de forma tradicional.

Es importante recordar que a lo largo de los capítulos encontrará códigos QR. **Estos códigos no son simples adornos; proporcionan acceso directo a recursos complementarios como vídeos, animaciones y, de forma destacada, a la interacción directa con las herramientas de IA que se irán presentando.** Aunque la lectura es valiosa por sí sola, la comprensión profunda y la capacidad para aplicar la IA en situaciones reales se fortalecen con la práctica. **Tras años de experiencia en formación, puedo afirmar que teoría y práctica son dos caras de una misma moneda, y este libro busca integrar ambas.** La decisión final es suya. No obstante, para sacar el máximo partido al texto, le recomiendo interactuar con los recursos digitales siempre que pueda.

## 1.1 El libro no solo se lee, también se escucha

Lo primero que quería mostrarle es una ayuda que hemos incorporado pensando en hacer el contenido lo más accesible posible. Puede que a usted le resulte más cómodo escuchar que leer. Sea cual sea el caso, que sepa que tiene la opción de escuchar este libro. El procedimiento a seguir para poder escuchar este audiolibro es el siguiente:

1. Abra cualquiera de estos dos enlaces:

   https://ebooksmarcombo.publica.la/auth/register

   **Figura 1.0:** Registro

2. Una vez dentro de esta página web, deberá de registrarse con una cuenta de correo y poner una contraseña.

3. Al cabo de unos segundos entrará en la biblioteca digital de Marcombo. Lo único que tendrá que hacer será buscar la portada de este libro, que tiene la etiqueta de GRATIS (1 en la Figura 1.0B).

**Figura 1.0B:** Librería digital de Marcombo

4. En caso de que no encuentre el libro, en la parte superior de esta ventana tendrá la opción de buscarlo (2 en la Figura 1.0B).

5. Por último, deberá presionar sobre la portada del libro y, en la ventana que se abre, deberá clicar en Escuchar (Figura 1.0C). Al hacerlo, se abrirá una ventana emergente que le explicará cómo trabajar con el reproductor de audio.

**Figura 1.0C:** Audiolibro

6. En la ventana principal del audiolibro tendrá varias opciones, tal y como puede ver en la Figura 1.0D.

**Figura 1.0D:** Ventana principal

1. **Tabla de contenido:** desde aquí podrá seleccionar el capítulo del libro que quiera oír.

2. **Reproductor:** podrá reproducir el capítulo que aparezca indicado encima de esta zona, además de avanzar o retroceder a otros capítulos.

## 1.2 Contenido extra de regalo con este libro

Puede entrar en la página web de marcombo.info y, en la ventana que se abre, escribir **TOKENS128**. A continuación, se le pide que se registre; podrá hacerlo con el mismo correo electrónico usado en el apartado anterior. Después, solamente deberá buscar el mismo código **TOKENS128** y presionar sobre el enlace, justo debajo de la columna **Descargar contenido**, tal y como puede ver en la imagen inferior.

**Figura 1.0E:** Ventana desde donde descargar el contenido extra

## 1.3 Definición de la inteligencia artificial (IA) en la educación

**Empecemos por lo más básico: ¿a qué nos referimos cuando hablamos de inteligencia artificial?** De forma sencilla, podemos pensar en la IA como un conjunto de tecnologías y herramientas informáticas diseñadas para realizar tareas que, hasta hace poco, pensábamos que solo los humanos podíamos hacer: aprender de la experiencia, razonar, resolver problemas, entender el lenguaje natural, reconocer imágenes... En esencia, buscan emular ciertas capacidades de la inteligencia humana, procesando información y, cada vez más, generando contenido nuevo.

Ahora, **¿qué pinta la IA en la educación?** Pues muchísimo. Imagine tener un asistente incansable capaz de adaptarse a cada estudiante, proponer ejercicios personalizados, ayudar a buscar información o incluso facilitar tareas administrativas. La IA se presenta como una herramienta con un potencial enorme para transformar la manera en que enseñamos y aprendemos. Ojo, y esto es muy importante: **la IA no viene a sustituir al docente.** ¡Ni mucho menos! Debe pensar que se trata de un complemento que mejorará su forma de enseñar y que, además, le permitirá mejorar mucho su trabajo. **Gracias a la IA puede convertirse en un «maestro aumentado», con más recursos y tiempo para lo verdaderamente importante: la conexión humana y el acompañamiento pedagógico.**

## 1.4 Características de la IA en el contexto educativo

Para entender mejor cómo nos puede ayudar la IA en la educación, le mostraré algunas de sus características clave:

- **Resolución de problemas:** las herramientas de IA pueden analizar situaciones complejas y proponer soluciones, o ayudarnos a diseñar

 FLORENTINO BLAS FERNÁNDEZ CUETO

actividades donde los estudiantes interactúen con la IA para resolver retos de forma práctica.

- **Interacción con el lenguaje humano (procesamiento del lenguaje natural, PLN o NLP en inglés):** esta es una de las capacidades más asombrosas. La IA puede entender y generar texto como lo hacemos nosotros. Esto abre la puerta a asistentes virtuales con los que podemos conversar, herramientas que resumen textos largos, que traducen idiomas o que adaptan explicaciones al nivel de cada estudiante. Herramientas como ChatGPT o Character IA, que seguramente le suenan, son un ejemplo claro de esta capacidad de generar texto y mantener conversaciones.

- **Personalización del aprendizaje:** quizás esta sea una de las promesas más interesantes. La IA puede analizar cómo aprende cada estudiante (su ritmo, sus puntos fuertes, dónde necesita más ayuda) y adaptar los materiales y las actividades a sus necesidades individuales. Esto puede ser clave para atender la diversidad en el aula y reforzar conceptos difíciles.

- **Automatización de tareas:** seamos sinceros, muchas tareas docentes son repetitivas y consumen mucho tiempo. La IA puede echarnos una mano automatizando algunas de ellas: crear borradores de materiales didácticos, generar distintos tipos de preguntas de evaluación, elaborar informes de progreso personalizados... Liberar tiempo de estas tareas nos permite dedicarnos más a la interacción directa con los estudiantes.

- **Análisis de datos:** las plataformas educativas generan muchísimos datos sobre cómo interactúan los estudiantes. La IA es capaz de analizar esta información para darnos una visión más clara del progreso de cada alumno, identificar patrones, detectar posibles dificultades de forma temprana y ayudarnos a tomar decisiones pedagógicas más informadas.

En los siguientes capítulos veremos aplicaciones basadas en todo esto.

## 1.5 Ética y transparencia: uso de la IA con cabeza y corazón

Como con cualquier herramienta potente, usar la IA en educación no está exento de responsabilidades. **No basta con saber cómo usarla, sino que debemos reflexionar sobre cómo hacerlo de forma ética y responsable.**

Es importante abordar temas como la privacidad de los datos de los estudiantes, el sesgo algorítmico y la necesidad de transparencia en algoritmos educativos:

- **Temas de privacidad de los estudiantes:** aquí entramos en un terreno delicado pero fundamental. Cuando usamos herramientas de IA en el aula, a menudo se recopilan datos de los estudiantes (dónde hacen clic, cuánto tiempo pasan en una tarea, sus respuestas...). **Es crucial ser extremadamente cuidadosos con la privacidad de estos datos.** Debemos asegurarnos de que las herramientas que usamos cumplen con la normativa vigente (como el RGPD en Europa) y, sobre todo, ser transparentes con los estudiantes y sus familias sobre qué datos se recogen y para qué se usan.

- **Sesgo algorítmico:** ¿qué significa esto? Pues que las IA aprenden de los datos con los que se las entrena. Si esos datos reflejan prejuicios o desigualdades existentes en nuestra sociedad (de género, culturales, etc.), la IA puede aprenderlos y perpetuarlos. ¡Imagínese una IA que sistemáticamente ofrezca ejemplos o lecturas que refuercen estereotipos! **Como docentes, tenemos que estar muy atentos a esto, ser críticos con los resultados que nos da la IA y compensar activamente cualquier sesgo que detectemos.**

- **Transparencia:** ligado al sesgo algorítmico, está la necesidad de transparencia. Deberíamos poder entender, al menos a grandes rasgos, cómo funcionan los algoritmos que usamos en educación, especialmente si toman decisiones que afectan a los estudiantes (como evaluar o predecir su rendimiento). No podemos tratar la IA como una «caja negra» mágica.

## 1.6 Inclusión de recomendaciones de la UNESCO

Organismos internacionales como la UNESCO llevan tiempo reflexionando sobre cómo guiar el uso de la IA en la educación de forma beneficiosa para todos. Sus recomendaciones ponen el foco en un enfoque **centrado en el ser humano**. Algunas ideas clave que promueven son:

- Utilizar la IA para que la educación sea más **inclusiva**, llegando a todos los estudiantes, **especialmente a los más vulnerables o con necesidades especiales**.

- Apoyar un aprendizaje más **personalizado** y flexible, adaptado a cada persona.

- Usar los datos de forma inteligente para **mejorar la gestión educativa** y la calidad del aprendizaje.

- Ayudar a **detectar tempranamente** a estudiantes en riesgo de dificultades académicas.

- Y, muy importante, **desarrollar en todos (docentes y estudiantes) las habilidades** para usar la IA de forma ética, crítica y significativa.

En resumen, **la UNESCO nos anima a usar la IA para potenciar lo humano, no para reemplazarlo**, y siempre con la equidad y la ética como brújula.

Pueden acceder a este documento a través de estos enlaces: https://bit.ly/4lOtpLF

Figura 1.1: Acceso a la página web del documento

## 1.7 Obstáculos en la implementación de la IA

Como en toda aventura, en el camino de integrar la IA en la educación también encontraremos algunos obstáculos. Es bueno conocerlos para estar preparados, ya que pueden ser de varios tipos. Por un lado, están las limitaciones de la IA y, por otro, está el miedo al cambio por parte de los docentes.

### Las limitaciones de la IA

Primero, seamos realistas: la IA, a pesar de todo lo que he escrito hasta ahora, tiene limitaciones. No es «magia» ni es la solución a todo. Por ejemplo:

- **Depende de los datos:** como indiqué con anterioridad, aprende de datos. Si los datos son malos, incompletos o sesgados, la IA **«aprenderá mal»** y puede darnos resultados poco fiables o, peor aún, perpetuar esos sesgos.

- **No siempre acierta:** sus respuestas se basan en probabilidades y patrones, **no en un entendimiento real**. A veces, puede equivocarse o, como se dice coloquialmente, **«alucinar»** (inventarse información que parece coherente pero no es cierta). ¡Siempre hay que verificar!

- **Le cuesta el contexto:** a veces, no capta bien los matices, la ironía o el contexto específico de una situación, lo que puede llevar a respuestas extrañas o poco útiles. **Hay que tener claro desde un principio que la IA no es «consciente» de sus respuestas;** se puede decir que **la IA no razona sobre lo que ha razonado.**

- **El mundo cambia:** el entorno educativo es muy dinámico. A la IA le puede costar adaptarse rápidamente a cambios inesperados o a situaciones muy novedosas que no estaban en sus datos de entrenamiento.

## La resistencia de los docentes

Y luego estamos nosotros, las personas. Es normal que, ante una tecnología tan nueva y potente, surja cierta **resistencia**, tanto en docentes como en estudiantes. Las razones pueden ser varias:

- **¿Me quitará el trabajo?:** Es un miedo comprensible aunque, como le decía, la idea es que sea un apoyo, una herramienta más.

- **No lo entiendo bien:** la novedad puede generar inquietud o sensación de complejidad.

- **Dudas éticas:** las preocupaciones sobre privacidad y sesgos que comenté antes.

- **Pereza o falta de tiempo:** ¡otra cosa más que aprender!

- **Falta de formación:** sentir que no se sabe por dónde empezar.

- **Experiencias previas negativas:** si intentos anteriores con tecnología educativa no fueron buenos, puede haber escepticismo.

Bueno, **¿y qué hacemos ante estos desafíos**? ¡No nos vamos a quedar parados! **Hay estrategias:**

- **Formación, formación y más formación:** es clave que los docentes nos sintamos cómodos y seguros. Necesitamos formación práctica y continua, adaptada a nuestras necesidades, para aprender a usar estas herramientas de forma efectiva.

- **Colaborar y compartir:** hablar entre nosotros, compartir experiencias (¡las buenas y las malas!), crear redes de apoyo... Juntos aprendemos mejor y perdemos el miedo. Además, nuestra opinión es vital para que quienes desarrollan estas herramientas las hagan realmente útiles para la educación.

- **Paso a paso:** no hay que querer implementarlo todo de golpe. Empecemos experimentando con herramientas sencillas, probando en una clase, viendo qué funciona. Adopción gradual, evaluando y ajustando.

- **Tener claro el «para qué»:** antes de usar una IA, pensemos: ¿qué objetivo educativo quiero conseguir con esto?, ¿cómo me va a ayudar realmente?

- **Elegir bien la herramienta:** no todas las IA sirven para todo. **Hay que seleccionar las que mejor se adapten a nuestros objetivos y al nivel de nuestros alumnos.**

- **Mostrar los beneficios:** cuando veamos que la IA nos ahorra tiempo en tareas rutinarias o nos permite crear materiales más personalizados, será más fácil vencer la resistencia.

- **Recordar:** es una ayuda, no un sustituto. **La IA es una herramienta de apoyo. El papel del docente, la interacción humana, sigue siendo insustituible.**

- **Ser transparentes:** comunicar abiertamente a estudiantes y familias qué herramientas usamos y por qué generan confianza.

## 1.8 Enfoque multidisciplinario

Para integrar la IA en la educación de forma realmente efectiva y responsable, no podemos mirarla desde una sola perspectiva. Necesitamos sumar conocimientos de diferentes áreas.

Una forma de hacerlo es integrando la informática, la pedagogía y la ética. **Piense en ello como un taburete de tres patas.** Si falta una, se cae. Para que la IA en educación se sostenga bien, necesitamos:

- **La pata de la informática:** entender mínimamente cómo funciona la tecnología, qué puede hacer y qué no, cuáles son sus bases (como el procesamiento del lenguaje natural que vimos antes). No hace falta ser programador, pero sí tener unas nociones básicas para usarla bien y sacarle partido.

- **La pata de la pedagogía:** ¡esencial! La tecnología por sí sola no educa. **Debemos usar la IA con un propósito pedagógico claro**, alineada con nuestros objetivos de aprendizaje, el currículo y las teorías sobre cómo aprenden los estudiantes. ¿Cómo puede esta herramienta ayudarme a enseñar mejor o a que mis alumnos aprendan más significativamente?

- **La pata de la ética:** como ya he recalcado, debemos reflexionar constantemente sobre las implicaciones de usar estas herramientas: la privacidad, los sesgos, la equidad, la transparencia. El uso de la IA debe ser siempre responsable.

Solo combinando estas tres áreas del conocimiento podremos aprovechar el potencial de la IA sin caer en sus riesgos.

# CAPÍTULO 2 – CONSIDERACIONES INICIALES

Tras sentar las bases teóricas y conceptuales en el primer capítulo, donde exploramos la definición de la inteligencia artificial (IA), sus características en el ámbito educativo y los desafíos éticos que conlleva, ahora es momento de adentrarnos en aspectos más prácticos. Este segundo capítulo actúa como un puente entre la comprensión general de la IA y su aplicación concreta en el día a día educativo. Aquí, no solo profundizaremos en herramientas clave —como los códigos QR, que funcionan como llaves mágicas para acceder a recursos adicionales—, sino que también le guiaré paso a paso en actividades interactivas. Por ejemplo, a través de un código QR podrá ver cómo Miguel de Cervantes, en un guiño literario, da la bienvenida a este libro, combinando tradición y modernidad. Además, abordaremos términos esenciales de la IA de manera sencilla, para que todos hablemos el mismo idioma sin tecnicismos abrumadores.

Pero no me quedaré en lo conceptual: en este capítulo también le mencionaré todas las herramientas digitales que usaremos en este libro. Desde la utilización de una nueva cuenta de Gmail dedicada —su **«pasaporte universal»** para acceder a plataformas de IA— hasta el uso de Google Drive como archivador personal en la nube, donde podrá almacenar y organizar todo su trabajo. Y, como broche, le mencionaré sobre los asistentes de IA personalizados para cada nivel educativo, diseñados para resolver dudas, inspirar actividades y ofrecer ejemplos concretos.

## 2.1 Los códigos QR: sus llaves de acceso a más recursos

Seguramente ya está familiarizado con esos cuadrados llenos de puntos blancos y negros que vemos por todas partes: los códigos QR. En este libro los va a encontrar con frecuencia. **Es muy importante que sepa cómo escanearlos** usando la cámara de su teléfono móvil. La mayoría de los *smartphones* actuales ya lo hacen directamente: abra la aplicación de la cámara, apunte al código y ¡listo!, le aparecerá un enlace en la pantalla. Si su móvil no lo hace así, no se preocupe, hay muchas aplicaciones gratuitas (busque «lector QR» o «QR reader» en su tienda de aplicaciones) que puede instalar en un momento.

Y ¿por qué son tan importantes estos códigos en este libro? Pues porque son como llaves que le darán acceso a un montón de material adicional que no está en el papel, pero que complementa y enriquece lo que está leyendo:

- Los **audios** de cada capítulo.

- **Vídeos explicativos:** donde le mostraré en pantalla, paso a paso, cómo hacer algunas de las tareas o cómo usar ciertas herramientas. A veces, ver cómo se hace es más fácil que leerlo.

- Enlaces directos a **páginas web, herramientas o documentos** que aparecerán a lo largo de todo el libro.

Así que tener el móvil a mano y saber usar los códigos QR será fundamental para aprovechar al 100 % todo lo que este libro le ofrece.

## 2.2 Actividad 1: presentación del libro por Cervantes

En esta actividad le explicaré paso a paso cómo leer un código QR para que pueda ver un vídeo donde **Miguel de Cervantes** presenta este libro. Dependiendo del sistema operativo que tenga (el *software* que hace que funcione su teléfono móvil: Android o iOS), el procedimiento será uno u otro, aunque es prácticamente igual en ambos casos.

**Procedimiento para leer un código QR en un dispositivo Android**

El proceso habitual en dispositivos Android es el siguiente:

1. **Abrir la aplicación de la cámara:** en la mayoría de los dispositivos Android modernos, **la capacidad de escaneo de códigos QR está integrada directamente en la aplicación de cámara predeterminada**. Será necesario, por tanto, iniciar dicha aplicación.

2. **Enfocar el código QR:** se debe orientar el dispositivo de manera que el código QR completo quede visible dentro del encuadre de la cámara. **Es conveniente asegurar que las condiciones de iluminación sean adecuadas y que la imagen esté enfocada.**

3. **Esperar la detección y notificación:** una vez que la aplicación de la cámara reconoce el código QR, **muestra una notificación o un enlace superpuesto en la pantalla**. Este elemento indicará que el código ha sido leído y ofrecerá la acción correspondiente (por ejemplo, abrir un enlace).

4. **Seleccionar la notificación o enlace:** al pulsar sobre la notificación o el enlace mostrado, el sistema operativo abrirá la aplicación asociada (normalmente el navegador web) para mostrar el contenido vinculado al código QR. Con esto, el proceso de escaneo se completa.

**Procedimiento para leer un código QR en un iPhone**

Para los usuarios de iPhone (con iOS 11 o versiones posteriores), los pasos son similares:

1. **Abrir la aplicación de la cámara:** la funcionalidad de lectura de códigos QR está integrada en la aplicación de la cámara nativa del sistema iOS. Basta con abrir esta aplicación desde la pantalla de inicio o el centro de control.

2. **Enfocar el código QR:** se debe apuntar la cámara hacia el código QR, asegurándose de que esté completamente visible en la pantalla. Mantener el dispositivo estable y verificar que la iluminación sea suficiente facilitará el reconocimiento.

3. **Detectar la notificación:** cuando la cámara identifique el código QR, aparecerá una notificación, generalmente en la parte superior de la pantalla. Dicha notificación mostrará una vista previa del contenido o el enlace asociado al código.

4. **Tocar la notificación:** al seleccionar la notificación, el iPhone dirigirá automáticamente al usuario al sitio web, aplicación o contenido correspondiente vinculado al código QR escaneado.

A continuación, podrá poner en práctica lo que acaba de aprender a través del siguiente código QR:

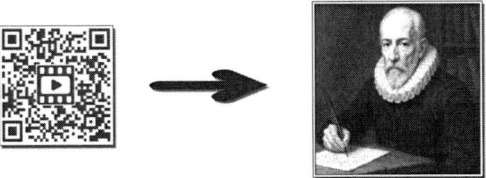

**Figura 2.1:** Presentación

**Nota:** también podrá ver este vídeo si escribe esta dirección en la barra de direcciones de su navegador:

https://www.futureworkss.com/Cervantes.mp4

## 2.3 Palabras clave de la IA para una mejor comprensión

Aunque voy a intentar usar un lenguaje lo más claro y sencillo posible, hay algunas palabras o expresiones del mundillo de la IA que es casi inevitable usar. No se agobie, no son tantas y las iré explicando sobre la marcha. Pero para que le vayan sonando desde el principio y no le parezcan chino, aquí tiene un pequeño glosario inicial:

- **IA (inteligencia artificial):** de forma sencilla, son sistemas o programas informáticos capaces de realizar tareas que normalmente asociamos con la inteligencia humana: aprender, razonar, tomar decisiones, entender el lenguaje, reconocer imágenes, etc.

- *Prompt*: ¡esta palabra es clave! Es, ni más ni menos, la instrucción, pregunta, orden o petición que le hacemos a una IA para que nos dé una respuesta o realice una tarea. La forma en que escribimos el *prompt* es crucial para obtener buenos resultados. Dedicaremos tiempo a aprender a «hablarle» bien a la IA.

- *Tokens*: piense en ellos como las «piezas» o «bloques de construcción» (palabras o partes de palabras) que usan las IA para procesar y generar texto. Es una forma de medir la cantidad de texto. A veces, los límites de uso gratuito o el coste de las herramientas de IA se basan en el número de *tokens*. Para que lo entienda mejor con un ejemplo, un párrafo de 1000 palabras equivale aproximadamente a 1000-1500 *tokens* (dependiendo del modelo y el contenido).

- **Modelo de IA (o, simplemente, «modelo»):** es el programa específico de IA que ha sido entrenado para realizar una tarea concreta (por ejemplo, traducir idiomas, generar imágenes, mantener una conversación). Hay muchos tipos de modelos.

MARCOMBO

- **LLM** *(large language model)*, **o modelo grande de lenguaje:** es un tipo de modelo de IA muy potente, entrenado con cantidades gigantescas de texto e información. Estos modelos son los «motores» que están detrás de herramientas tan famosas como ChatGPT o Gemini. Son muy buenos entendiendo y generando lenguaje humano.

- **Respuesta de la IA (o salida/*output*):** es lo que la IA nos devuelve después de procesar nuestro *prompt*. Puede ser texto, una imagen, un resumen, una traducción, etc.

- **Entrenamiento** *(training)***:** es el proceso mediante el cual un modelo de IA aprende a realizar su tarea. Se le alimenta con enormes cantidades de datos (textos, imágenes, etc.) y ajusta sus parámetros internos para reconocer patrones y poder hacer predicciones o generar resultados.

- **Alucinación** *(hallucination)***:** ¡mucho cuidado con esto! **A veces, las IA (sobre todo los LLM) pueden inventarse información,** dar datos incorrectos o mezclar cosas de forma que parezca coherente pero no sea verdad. Suenan muy seguras al decirlo, pero pueden estar «alucinando». Siempre hay que ser críticos y verificar la información importante que nos proporcione una IA, especialmente si la vamos a usar para algo serio.

- **Ventana de contexto** *(context window)***:** es como la «memoria a corto plazo» de una IA conversacional *(chatbot)*. Se refiere a la cantidad de información (de la conversación actual) que la IA puede tener en cuenta para generar la siguiente respuesta. **Si la conversación es muy larga, puede que la IA «olvide» lo que se dijo al principio.**

- **Limitaciones de la IA:** es fundamental recordar que la IA no es mágica ni perfecta. Tiene limitaciones. No entiende el mundo como nosotros, no tiene sentido común real, puede tener sesgos (se lo he comentado con anterioridad), y puede cometer errores (alucinaciones). Hay que usarla como una herramienta útil, pero siendo conscientes de sus límites.

No se preocupe si ahora le parecen muchos términos. La idea es que le suenen. A medida que los vayamos encontrando y usando en ejemplos prácticos, verá cómo todo va encajando.

## 2.4 La cuenta de Gmail: su pasaporte universal

Ahora, hablemos de un aspecto práctico, pero —créame— fundamental al empezar a usar herramientas de inteligencia artificial: la gestión de su cuenta de usuario. Verá que muchas plataformas le pedirán registrarse, y lo más habitual es hacerlo usando una dirección de correo electrónico.

Y aquí viene una recomendación clave, casi diría que imprescindible: **cree y utilice una cuenta de correo electrónico de Gmail nueva y específica**. Sí, una distinta de la que usa normalmente para sus asuntos personales, académicos o profesionales. Y muy importante: use esa misma cuenta nueva tanto en su móvil como en su ordenador.

¿Por qué esta insistencia en una cuenta nueva y dedicada? Hay motivos de peso, pensados para hacerle la vida más fácil y segura:

- **Separación por seguridad y privacidad:** piénselo como una barrera protectora. Al usar una cuenta dedicada solo para estas herramientas de IA, evita registrarse en diversas plataformas (algunas quizá nuevas o de confianza aún por verificar) con el mismo correo que podría tener vinculado a su banco, tiendas *online*, o que contiene información personal importante. Aunque muchas plataformas de IA son seguras, esta separación **reduce el riesgo** de exponer su cuenta principal a usos de datos que no desea o, en el peor escenario, a intenciones poco éticas. **Es una medida preventiva sencilla que le dará más tranquilidad.**

- **Sincronización total entre dispositivos:** la gran mayoría de estas herramientas de inteligencia artificial funcionan «**en la nube**». ¿Qué significa esto? Que su trabajo (las conversaciones o *chats*, las configuraciones, los resultados que obtenga) no se guarda localmente en su aparato, sino en los servidores de la plataforma, asociados a su cuenta de usuario. Al emplear la misma cuenta nueva de Gmail tanto en su dispositivo móvil como en su ordenador portátil o de sobremesa, se asegura de que todo su historial de interacciones esté perfectamente sincronizado. **Podrá empezar una consulta en el móvil de camino a casa y continuarla exactamente donde la dejó al llegar al ordenador, ¡o al revés!** Esta coherencia es clave para un flujo de trabajo cómodo y para no perder información valiosa generada en sus interacciones con la IA. ¡Es muy útil!

Adoptar esta sencilla costumbre desde el principio le facilitará una experiencia más **segura, organizada y fluida** al explorar las aplicaciones prácticas de la inteligencia artificial que vamos a abordar en este libro.

## 2.5 Google Drive: su archivador personal en la nube (¡y gratis!)

Este punto va de la mano con el anterior. Al tener una cuenta de Gmail, Google le ofrece automáticamente un servicio llamado Google Drive. ¿Qué es? Pues, de forma sencilla, es como si le regalaran un espacio de almacenamiento personal (un disco duro virtual) de 15 *gigabytes* en sus servidores. Al estar «en la nube», puede guardar ahí sus archivos (documentos, fotos, vídeos, lo que sea) y acceder a ellos desde cualquier dispositivo (móvil, *tablet*, ordenador) con conexión a Internet, simplemente iniciando sesión con su cuenta de Gmail.

¿Y por qué es importante Google Drive para este libro? Pues porque **lo vamos a usar como nuestro principal «archivador digital»**. A medida que trabajemos con la IA, iremos creando documentos, guardando *prompts* que nos han funcionado bien, recopilando respuestas interesantes, haciendo ejercicios. Toda esa información que vayamos generando la iremos **guardando y organizando en carpetas dentro de nuestro Google Drive**. Las ventajas son claras:

- No llenaremos la memoria de nuestro móvil u ordenador.

- Tendremos toda la información relacionada con el libro bien organizada y segura.

- Podremos acceder a nuestros apuntes, ejemplos o trabajos desde cualquier lugar.

- Facilita mucho el tenerlo todo centralizado.

Si nunca ha usado Google Drive, no se preocupe, es muy fácil de usar y en el libro le daré indicaciones de cómo crear carpetas y guardar sus cosas. Además, podrá ver un vídeo donde le explicaré cómo hacerlo. Es una herramienta increíblemente útil.

## 2.6 Asistentes para cada nivel educativo

Este libro incluye, para cada nivel educativo específico (como Educación Infantil, Primaria, ESO, etc.), un asistente virtual de IA personalizado y entrenado para ese contexto, que actúa como un experto especializado. Por ejemplo, un docente de primaria podrá formularle cualquier duda —como **«¿Cómo diseñar actividades creativas para enseñar fracciones?»**— y recibir respuestas prácticas, ejemplos contextualizados y plantillas listas para usar. Debemos recordar la necesidad de ser críticos con las respuestas y verificar información clave, como se recomienda en los principios éticos de la UNESCO mencionados en el capítulo 1.

**¿Qué puede hacer con estos expertos educativos de IA?**

- Puede **preguntarle cualquier duda** que le surja sobre los conceptos de inteligencia artificial que vayamos viendo.

- Puede **pedirle ayuda o aclaraciones** sobre las actividades o ejercicios que se proponen en el libro.

- Puede **pedirle ideas o ejemplos adicionales** sobre cómo aplicar la IA en su campo específico (docencia, estudios, trabajo, vida personal...).

**¿Cómo acceder y cómo usar los asistentes de IA?** Aunque lo veremos en más detalle a lo largo de los siguiente capítulos, básicamente se hará de esta forma:

1. **Leer un código QR:** encontrará un código QR específico que le llevará directamente a la página del asistente de que se trate. ¡Ya sabe cómo escanearlo con su móvil!

2. **Registrarse (con Gmail):** para poder usarlo y que guarde sus conversaciones, necesitará registrarse o iniciar sesión en la plataforma donde se aloja el asistente. Y ¿qué cuenta usaremos? ¡Exacto! Nuestra cuenta de Gmail, la misma que usamos en el móvil y para las otras IA.

3. **Interactuar:** una vez dentro, verá una ventana de chat. En la parte inferior, tendrá un espacio para escribir su pregunta o petición (su *prompt*). Simplemente escriba lo que necesita y pulse Enviar. ¡Pero también podrá hablarle! La mayoría de estos asistentes permiten usar el micrófono del móvil o del portátil para dictarle la pregunta, lo cual puede ser muy cómodo.

Tenga en cuenta que estos asistentes están basados en inteligencia artificial, **así que aplique lo que hemos comentado:** sea claro en sus *prompts* y sea un poco crítico con las respuestas (¡aunque intentaré que sea lo más fiable posible para los temas del libro!).

# CAPÍTULO 3 – PREPARACIÓN DE LOS ENTORNOS DE TRABAJO

Bueno, ya hemos puesto los cimientos en los capítulos anteriores: sabemos qué es la IA, cómo puede ayudarnos en educación y hemos repasado conceptos clave para entendernos mejor. Ahora, antes de sumergirnos en el uso práctico de estas herramientas, es momento de preparar nuestro «campo de juego». ¿Y cómo lo hacemos? Pues depende de cómo queramos jugar.

Imagine que tiene dos caminos para explorar la IA: **uno con su teléfono móvil, siempre a mano y listo para acompañarle en cualquier momento, y otro con un ordenador portátil o de sobremesa**, ideal para tareas más detalladas o que requieren una pantalla más grande. Ambos son válidos, y en este capítulo le explicaré cómo sacarle partido a cada opción.

**Pero, antes de empezar, algo fundamental:** necesitamos organizar nuestro espacio de trabajo digital. ¿Sabe esa sensación de tener un escritorio ordenado, con todo a mano? Pues aquí haremos lo mismo, pero en la nube. Para ello, usaremos herramientas como Google Drive (su archivador personal, ya lo recordará del capítulo anterior) y aprenderemos a clasificar enlaces a inteligencias artificiales en carpetas de marcadores, como si fueran estanterías bien etiquetadas.

Además, como en toda aventura tecnológica, hay que cuidar la seguridad: contraseñas robustas, buenas prácticas al navegar y, sobre todo, claridad sobre qué compartimos y con quién. No se preocupe, no es tan complicado como suena.

Así que, coja su dispositivo favorito (móvil, tableta, ordenador... ¡o todos!), y prepárese para configurar su entorno de trabajo. **Al final de este capítulo, tendrá todo listo para usar la IA con la misma naturalidad con la que usa un libro, un bolígrafo o su aplicación favorita.** ¡Vamos allá!

## 3.1 Utilización de la IA en un teléfono móvil

¿Sabe qué? Si usted es de los docentes que aún miran con desconfianza eso de usar la inteligencia artificial desde el móvil, permítame decirle algo: **no hay nada que temer.** La IA no es ese «monstruo tecnológico» que quiere robarle su lugar en el aula. ¡Todo lo contrario! Es como tener un **aliado silencioso en su bolsillo,** listo para ayudarle a crear, organizar y hasta sorprender a sus estudiantes. Claro, siempre que la use con cabeza, ética y un poco de sentido común.

**Imagine esto:** su teléfono móvil no es solo para hablar, para mandar mensajes o ver el tiempo. Es una **navaja suiza digital** que puede acompañarle en cualquier rincón del colegio, en el parque o incluso en el metro de camino a casa. **¿Se le ocurrió una idea para la clase de mañana mientras tomaba café? Ábrala en segundos. ¿Necesita adaptar un ejercicio al nivel de un estudiante en plena clase? La IA responde al instante.** Y lo mejor: **no hace falta ser un experto en tecnología.** Las aplicaciones móviles están diseñadas para que hasta los más reacios sientan que «esto sí lo puedo manejar».

## 3.2 Utilización de la IA en un ordenador

Antes de sumergirnos en el fascinante mundo de las herramientas de IA, es clave que configuremos su entorno de trabajo con la máxima eficacia. Aunque podría empezar directamente con su teléfono móvil, le recomiendo iniciar este proceso desde un ordenador de sobremesa o portátil. ¿La razón? Hay dos motivos clave que lo harán todo más sencillo y organizado:

**Primero: crear su cuenta de Gmail dedicada**

En un ordenador, crear y configurar una cuenta desde cero será más rápido y visual: podrá ver todas las opciones de configuración, ajustar sus preferencias y garantizar que la misma cuenta que usará en el móvil esté perfectamente sincronizada. Esto asegurará que sus conversaciones, archivos y configuraciones de IA sean accesibles desde cualquier dispositivo, sin perder ni un solo registro.

**Segundo: organizar su Google Drive con estructura**

Con una pantalla grande, crear una estructura de carpetas en Google Drive será mucho más ágil. Aquí guardará todo lo que genere al trabajar con IA: documentos, *prompts* exitosos, respuestas de *chatbots*, ejercicios... ¡incluso sus propias dudas resueltas! Hacerlo en un ordenador le permitirá ver las opciones de organización de forma clara, algo que en un móvil podría resultar más engorroso.

Una vez completados estos pasos, ¡ya podrá usar su teléfono móvil para interactuar con las herramientas de IA! La pantalla pequeña no será un problema, pues la base estará establecida: su cuenta sincronizada y su «archivador en la nube» listo para crecer junto a sus descubrimientos.

# 3.3 Actividad 2: creación de una cuenta de correo electrónico

¿Listo para dar el primer paso? Vamos a crear una cuenta de Gmail específica para trabajar con inteligencias artificiales. ¿Por qué esto es clave? Esta cuenta será como un archivador separado, donde guardar todas sus interacciones con las IA sin mezclar con otras *apps* de su vida personal. Y lo mejor: puede hacerlo desde el ordenador o directamente desde el móvil.

**¿Por qué todo esto?**
**Simple**: seguridad y orden. Separar la IA de lo personal evita confusiones y protege sus datos.

Empecemos por el método clásico, usando un ordenador o un portátil. **Pero ¡ojo!, deberá hacerlo en su portátil u ordenador habitual, nunca en un ordenador del trabajo, ya que será necesario usar dos ventanas independientes de Google, una normal y otra de incógnito** (la normal para guardar los datos del registro de la cuenta nueva de Gmail, y la de incógnito para crear la cuenta).

1. **Preparación previa**

    1. Abra Chrome con su cuenta habitual (no en incógnito).

    2. Redacte un correo dirigido a sí mismo, con el asunto «*Inteligencia artificial*».

    3. En el cuerpo, escriba: «*Todos los datos del registro de la nueva cuenta de Gmail*».

    ¡No lo envíe aún!

2. **Abrir la ventana de incógnito**

    1. En Chrome, haga clic en los tres puntos verticales (arriba a la derecha) y clique en Nueva ventana de incógnito.

3. **Crear la cuenta nueva**

    1. Busque Crear cuenta de Gmail y siga los pasos:

        • **Nombre:** «Trabajo con IA».

        • **Correo:** elija algo como maria.ia2024@gmail.com.

        • **Contraseña:** ¡que sea fuerte! Combine mayúsculas, números y símbolos (por ejemplo: IA2024$Trabajo).

        • **Correo de recuperación:** use su cuenta personal.

        • **Teléfono:** obligatorio para verificar la cuenta.

4. **Guardar los datos**

    1. Vuelva al correo que redactó al principio.

    2. Añada todos los datos de la nueva cuenta (nombre, usuario, contraseña).

3. Envíelo a su bandeja de entrada y, después, guárdelo en una carpeta de Gmail (por ejemplo, **«TEMPORAL»**) para que no se pierda.

Para ayudarle con esta actividad he incluido un código QR con la etiqueta **Ver vídeo**, donde podrá ver cómo se hace. Pero, como sé que muchos de ustedes también usan el teléfono móvil para estas tareas, he preparado un segundo código QR etiquetado como **Documento**. Este documento incluye instrucciones específicas para dispositivos Android y iOS, para que pueda seguir el proceso sin complicaciones desde cualquier lugar. Como siempre, le recomiendo escanear los códigos con la cámara de su móvil o una aplicación lectora de QR para acceder rápidamente a los recursos.

| Documento | | Ver vídeo | |
|---|---|---|---|
| https://bit.ly/3XP5e5w |  **Figura 3.1:** Enlace | https://bit.ly/3RB9WQK |  **Figura 3.2:** Enlace |

**Tabla 3.1:** Acceso a los tutoriales sobre cómo crear una cuenta en Gmail

## 3.4 Actividad 3: creación de carpetas en Google Drive

Ahora que ya tenemos clara la importancia de crear una cuenta de Gmail dedicada a la IA (como vimos en el apartado anterior), es momento de dar un paso más: **organizar toda la información que generaremos**. Y ¿cómo lo haremos? Pues usando Google Drive como nuestro gran aliado.

**Imagínese esto:** cada vez que use herramientas de IA —ya sea para crear un cuestionario, diseñar una presentación interactiva o generar ejercicios personalizados—, estará generando una gran cantidad de archivos. Sin un sistema claro, esto puede convertirse en un caos. ¡Pero no se preocupe! Con una estructura de carpetas bien pensada, lo tendrá todo bajo control.

### ¿Por qué es clave esta organización?

Permítame explicarlo con un símil: piense en Google Drive como un armario archivador gigante. Si metemos todos los papeles sin orden, cuando necesitemos encontrar algo urgente (como ese recurso para la clase de mañana), perderemos tiempo revolviendo entre montañas de documentos. En cambio, si clasificamos cada cosa en su sitio, accederemos a ella en segundos.

**Pero hay más razones:**

1. **Acceso universal:** podrá entrar a sus archivos desde cualquier lugar y dispositivo (móvil, tableta, ordenador), siempre que inicie sesión con su cuenta de Gmail dedicada a la IA. ¿De viaje y necesita revisar un material? ¡Solo necesita conexión a Internet!

2. **Trabajo avanzado con IA en ordenador:** algunas herramientas de IA educativa (como *plugins* exclusivos de Chrome para crear cuestionarios o presentaciones) solo funcionan en ordenadores de sobremesa o portátiles. **Con su información bien organizada en Drive, podrá retomar en el ordenador lo que empezó en el móvil, sin perder ni un archivo.**

**Estructura propuesta:** de lo general a lo específico.

Vamos a crear un sistema de carpetas jerárquico, como una pirámide. Aquí tiene un ejemplo práctico:

1. **Carpeta principal:**

   **Nombre:** «Inteligencia artificial»

   (Será su contenedor global para TODO lo relacionado con IA) .

2. **Carpetas secundarias:**

   1. **Nombre:** «[Asignatura] [Nivel educativo]»

2. **Ejemplos:**

   «Matemáticas 2º ESO»

   «Tecnología y digitalización 3º ESO»

   «Lengua Castellana 1º Bachillerato»

3. **Carpetas terciarias:**

   1. **Nombre:** temas o bloques de contenido dentro de cada asignatura.

   2. **Ejemplos:**

      Dentro de «Matemáticas 2º ESO»:

      → «Álgebra»

      → «Geometría»

      → «Ejercicios interactivos IA»

**Consejos prácticos para mantener el orden:**

- **Nombres claros y consistentes:** use siempre el formato [Asignatura] [Nivel] para las carpetas secundarias. Así evitará confusiones.

- **Sincronización automática:** al usar la misma cuenta de Gmail en todos sus dispositivos, cualquier cambio en Drive se actualizará al instante. Edite un documento en el móvil y podrá continuar en el ordenador sin esfuerzo.

- **Seguridad y privacidad:** recuerde que esta cuenta está dedicada exclusivamente a la IA. No mezcle archivos personales aquí.

**Un ejemplo real para inspirar**

Supongamos que es profesor de Tecnología en 3º de ESO y **quiere crear una unidad sobre robótica.** Su ruta en Drive sería:

Inteligencia artificial → Tecnología y digitalización 3º ESO → Robótica educativa.

Dentro, almacenaría:

- Guías generadas con IA para explicar sensores.

- Cuestionarios interactivos creados con un *plugin* de Chrome.

- Vídeos explicativos generados por IA para sus clases.

También he querido añadir en este apartado un acceso a un documento más extenso que le explica cómo crear esta estructura de carpetas, junto con un vídeo que complementa los contenidos que estamos tratando.

| Documento | | Ver vídeo | |
|---|---|---|---|
| https://bit.ly/3YkMgUu | <br>Figura 3.3: Enlace | https://bit.ly/42qT30I | <br>Figura 3.4: Enlace |

**Tabla 3.2:** Acceso a los tutoriales sobre cómo crear la estructura de carpetas en Google Drive

**¿Y ahora qué?**

Le recomiendo que dedique 10 minutos a crear esta estructura de carpetas. Créame, **su «yo» del futuro se lo agradecerá cuando tenga que buscar ese recurso urgente a las 8 de la mañana.**

## 3.5 Organización de las *apps* de IA en el móvil

Imagine que su teléfono móvil es como un cajón lleno de herramientas, pero, en lugar de destornilladores o martillos, contiene aplicaciones de inteligencia artificial que le ayudarán a enseñar mejor. ¿Qué pasaría si todas esas herramientas estuvieran esparcidas sin orden? ¡Podrían ser difíciles de encontrar en el momento preciso! Por eso le recomiendo una práctica sencilla pero clave: **guarde todas sus *apps* de IA en una carpeta específica en la pantalla de inicio de su móvil.**

¿Por qué es importante esto?

- **Acceso rápido y organizado:** al tener todas sus herramientas juntas (como generadores de contenidos, correctores automáticos o asistentes virtuales), no perderá tiempo buscándolas entre decenas de aplicaciones.

- **Visibilidad constante:** si las tiene en una carpeta con un nombre claro (ejemplo: «**IA educativas**»), siempre sabrá dónde están.

- **Fomenta el uso continuo:** la cercanía visual le recordará que están ahí, listas para ayudarle.

Además, use la cuenta de correo electrónico que creamos previamente (aquella dedicada exclusivamente a herramientas de IA) para registrarse en todas estas aplicaciones. Esto garantizará que:

- **Sincronización total:** todos sus chats, configuraciones y datos se guardarán en la nube, lo que permite acceder a ellos desde su móvil, su ordenador o cualquier dispositivo con la misma cuenta.

- **Continuidad en el trabajo:** si empieza una conversación con un asistente de IA en el móvil y luego la retoma en el ordenador, no perderá ni un detalle.

- **Menos problemas:** evita las confusiones entre su correo personal y las notificaciones de las herramientas de IA.

Como mencioné en el capítulo anterior, esta práctica es esencial para aprovechar al máximo las herramientas de IA y evitar confusiones entre sus cuentas personales y profesionales.

## 3.6 Límites de las herramientas de las IA

Muchas de las herramientas de inteligencia artificial que usaremos a lo largo del libro son de código abierto o tienen versiones gratuitas. Esto no solo las hace accesibles, sino que también fomenta la transparencia en su funcionamiento.

Tenga en cuenta que las versiones gratuitas suelen tener restricciones, como:

- **Límite de *tokens*:** alcanzado un número máximo de palabras o acciones, necesitará actualizar o esperar.

- **Tiempo de respuesta:** algunas funciones se pueden demorar más que en la versión de pago.

- **Funcionalidades bloqueadas:** características avanzadas (como la generación de vídeos en alta definición o modelos personalizados) podrían estar reservadas a usuarios *premium*.

**No se preocupe:** siempre le indicaré cuáles son las opciones gratuitas más útiles y cómo aprovecharlas al máximo. Además, le guiaré en alternativas libres de coste que ofrezcan la misma calidad.

## 3.7 Ética y seguridad: un recordatorio necesario

Antes de sumergirnos en el uso concreto de estas herramientas, repasemos un principio clave: nunca comparta sus credenciales de acceso a las *apps* de IA con nadie, **ni use su correo personal para fines educativos**. Recuerde que, como mencioné en el capítulo 1, la privacidad de los datos de sus estudiantes es una prioridad.

Y, por supuesto, **siempre verifique la información generada por las IA, especialmente si la usa para preparar materiales o evaluar a sus alumnos.** ¡La IA es una herramienta, no un oráculo infalible!

# CAPÍTULO 4 – PRIMEROS PASOS CON LA IA

¡Bienvenido a la práctica! Hasta ahora hemos hablado de conceptos, herramientas y consideraciones éticas, pero ahora es momento de tratar con la IA. En este capítulo, empezaremos a explorar cómo usar un asistente de inteligencia artificial como su guía personal a lo largo del libro. Imagínese tener un colaborador que le ayude a diseñar ejercicios, resolver dudas o incluso inspirarle para preparar una clase. ¡Todo desde su teléfono móvil!

## 4.1 Asistente de IA para la educación

Muy bien, ha llegado el momento de conocer y empezar a utilizar nuestra primera herramienta de inteligencia artificial. Se trata de un asistente que **he creado y entrenado yo mismo,** pensando específicamente en los docentes. Le he llamado **Expert IA**. Quizás el nombre le parezca algo escueto, pero la plataforma donde lo he desarrollado tiene sus limitaciones con los nombres largos.

Pero, ¿quién es **Expert IA** y para qué le va a servir? Piense en él como un **compañero digital**, diseñado para ser un recurso valioso en su día a día. Su misión es ofrecerle **apoyo personalizado, darle ideas prácticas y explicaciones claras** sobre cómo puede integrar la inteligencia artificial en sus clases. Siempre lo hará con un **enfoque pedagógico**, buscando adaptarse a las necesidades concretas de su nivel educativo y asignatura. El objetivo final es muy claro: que se sienta más seguro y capacitado para usar la IA de forma **efectiva y ética**, mejorando así la docencia que ofrece y preparando mejor a sus alumnos para lo que viene.

Para que tenga una idea de su «motor», **Expert IA está basado en el modelo GPT-4o-mini de OpenAI**. Un detalle importante que debe conocer es que, en su versión gratuita, **permite interactuar con un límite de aproximadamente 15 mensajes al día por usuario.**

¿Y cómo ha aprendido lo que sabe? Su entrenamiento ha tenido dos partes clave. Primero, **le he dado una personalidad determinada**, con una forma concreta de comportarse y expresarse (¡espero que le resulte amigable!). Segundo, y fundamental, **lo he alimentado con muchísimos documentos** que tratan sobre cómo usar la inteligencia artificial en la educación, desde distintos enfoques y para diferentes contextos.

Además —y esto es algo muy útil que debe saber—, si necesita ayuda más específica, **Expert IA puede recomendarle otros asistentes especializados.** Por ejemplo, no dude en preguntarle algo como: «*¿Podrías recomendarme un asistente para trabajar con alumnos con NEE?*».

## 4.2 Actividad 4: instalación de Expert IA en el móvil

¡Manos a la obra! Ahora que ya sabemos quién es nuestro **Expert IA** y para qué nos va a servir, ha llegado el momento de la verdad: vamos a instalarlo en el teléfono móvil para que pueda consultarle siempre que lo necesite. Hay que seguir los siguientes pasos para hacerlo:

**Paso 1: primero, instalamos la «casa» de Expert IA: la *app* POE**

Imagine que **Expert IA** necesita un sitio donde «vivir» en su móvil. Ese sitio es una aplicación llamada POE. Así que lo primero es instalarla:

- Abra la tienda de aplicaciones de su teléfono (ya sabe, App Store si es un iPhone, Google Play Store si es Android).

- En la barra de búsqueda, escriba **POE**. La encontrará enseguida. Deberá presionar sobre ella y, después, sobre el botón de **Instalar**, como ha hecho con muchas otras *apps*.

- Si prefiere ir directamente, aquí tiene un enlace que puede copiar y pegar en el navegador de su móvil: **https://poe.com/download**. Este enlace le llevará derechito a la página de descarga, aunque también lo puede hacer a través del código QR de la Figura 4.1.

**Figura 4.1:** Enlace

## Paso 2: abrimos la puerta de POE: el registro

¿Ya tiene POE instalado? ¡Genial! Ahora, deberá abrirlo por primera vez:

- Le pedirá que se registre, algo normal para poder guardar sus conversaciones y preferencias. **Y aquí un consejo importante que ya le di:** utilice esa cuenta de correo de Google (Gmail) que creamos específicamente para trastear con la IA. ¡Es lo más práctico y seguro!

- Verá que POE seguramente le ofrece la opción «Registrarse con Google»; **no escoja esta opción**, deberá registrarse con la cuenta creada con anterioridad, ¡y listo en un par de clics!

## Paso 3: ¡a buscar a nuestro Expert IA!

Ya estamos dentro de POE. Ahora solo falta encontrar a nuestro asistente:

- Aunque hay varias formas, la más rápida y directa es usar este enlace: **https://poe.com/Expert_IA**

**Figura 4.2:** Expert_IA

- Copie ese enlace para pegarlo en el navegador web del móvil. Como ya tiene la *app* POE instalada, lo normal es que el teléfono se dé cuenta y le pregunte si quiere abrirlo con POE, o directamente le abrirá la aplicación mostrando la ventana para chatear con **Expert IA**. ¡Así de fácil!

- Una vez lo tenga en pantalla, antes de empezar a preguntarle cosas, debe hacer una cosa más. Debe buscar un botón que diga algo parecido a **Seguir bot** (puede que ponga **Follow bot** o algo similar), y debe presionarlo.

- ¿Por qué «seguirlo»? Porque, al hacerlo, **Expert IA** se queda guardado en sus favoritos dentro de POE. Así, la próxima vez que entre en la *app*, lo tendrá a mano rápidamente, sin tener que buscarlo ni usar el enlace.

A continuación, encontrará un extenso documento que desglosa cada una de las opciones disponibles en la ventana principal de **Expert IA**. Además, he preparado un videotutorial donde le muestro paso a paso cómo instalar y configurar este asistente educativo en el teléfono móvil.

| Documento | | Ver vídeo | |
|---|---|---|---|
| https://bit.ly/4iiQnaX | Figura 4.3: Enlace | https://bit.ly/4jsIDFX | Figura 4.4: Enlace |

Tabla 4.1: Acceso a los tutoriales sobre Expert_IA

## 4.3 Actividad 5: cómo usar Expert IA

En esta actividad, exploraremos cómo el asistente educativo basado en IA puede convertirse en un recurso indispensable en cada nivel educativo. Este asistente no solo es una herramienta tecnológica, sino también un aliado que lo acompañará en su labor diaria, desde la planificación hasta la evaluación, adaptándose a las necesidades específicas de sus estudiantes.

Pero, si necesita generar imágenes, tiene que tener en cuenta lo siguiente: este asistente le puede proporcionar las descripciones de las imágenes que puede usar *(prompts)*, pero no las genera. En otro capítulo usaremos otra IA para generar imágenes a partir de *prompts*.

Le pido que lleve a la práctica alguna de las actividades que verá a continuación, según el nivel educativo en el que usted trabaja con su alumnado.

**IMPORTANTE:** recuerde siempre verificar que las respuestas del asistente son correctas, sin sesgos ni alucinaciones o errores.

### 4.3.1 Actividad 5.1: creación de un cuento para educación infantil

En este nivel inicial, **donde la interacción sensorial y la manipulación directa son fundamentales**, el asistente educativo se convierte en un colaborador clave para enriquecer los materiales didácticos. **Aunque los niños no interactúen directamente con la tecnología**, usted puede aprovecharlo para diseñar recursos personalizados como cuentos, juegos interactivos o plantillas de colorear ajustadas a temáticas curriculares.

**Por ejemplo**, si desea introducir a sus alumnos en el fascinante mundo de los animales de la granja, podría pedirle al asistente (**recuerde que esta petición que realiza se llama** *prompt*): «*Soy un docente de Educación Infantil y necesito ideas para crear un cuento corto sobre animales de la granja, dirigido a niños de 4 años, con imágenes llamativas y vocabulario básico*». El asistente le sugerirá una trama sencilla, vocabulario adecuado y propuestas visuales para los personajes, facilitando la creación de un material atractivo y adaptado a esta etapa tan especial.

| RESPUESTA DEL ASISTENTE SOBRE EL CUENTO | |
|---|---|
| *Prompt:* «*Necesito ideas para crear un cuento...*»<br><br>**https://bit.ly/42GVblF** | <br>**Figura 4.5:** Enlace |

Tabla 4.2: Respuesta del asistente para infantil

### 4.3.2 Actividad 5.2: ejercicio interactivo para Primaria

Al avanzar hacia la educación primaria, este asistente se integra en los tres momentos clave de su práctica docente: **antes, durante y después de la clase**. Antes de la sesión, puede ayudarle a preparar lecciones dinámicas e interactivas, sugiriendo actividades lúdicas y visuales. Durante la clase, actúa como un apoyo inmediato para resolver dudas complejas o adaptar explicaciones a diferentes ritmos de aprendizaje. Después, genera ejercicios de repaso personalizados o analiza el progreso general del grupo.

Imagínese enseñando las partes de una planta. **Antes de la clase, podría preguntar:** «*Trabajo como profesor de Primaria. ¿Podrías realizar un ejercicio interactivo para los alumnos de tercer curso de Educación Primaria sobre las partes de una planta, incluyendo un elemento visual y una forma sencilla de evaluar su comprensión?*». Durante la sesión, si surge una pregunta sobre una parte específica, el asistente le proporcionará una respuesta clara y adaptada al nivel de los alumnos. Finalmente, tras la lección, puede solicitar un cuestionario breve para evaluar lo aprendido, asegurándose de reforzar conceptos importantes.

| RESPUESTA DEL ASISTENTE | |
| --- | --- |
| **Prompt:** «*Trabajo como profesor de Primaria...*»<br><br>**https://bit.ly/3G4QLw5** | <br>**Figura 4.6:** Enlace |

Tabla 4.3: Respuesta del asistente para primaria

### 4.3.3 Actividad 5.3: resumen sobre la Revolución francesa en la ESO

En la ESO, donde la diversidad de contenidos y la autonomía son prioritarias, este asistente se presenta como una herramienta poderosa para individualizar el aprendizaje y facilitar la comprensión de conceptos abstractos. Durante la preparación, puede generar esquemas, resúmenes o adaptar textos complejos. En clase, fomenta debates presentando diversas perspectivas, mientras que después permite ofrecer retroalimentación personalizada.

Por ejemplo, al abordar la Revolución francesa, podría solicitar: «*Como docente de Geografía e Historia en cuarto de la ESO te pido generar un resumen con los puntos clave de la Revolución francesa, además de proponer preguntas para fomentar un debate en clase, junto con sus respuestas*». Si durante el debate surgen dudas sobre un personaje histórico, el asistente le proporcionará información relevante rápidamente. Al finalizar la unidad, podrá pedirle que diseñe un ejercicio comparativo entre distintas revoluciones, adaptado a los niveles de comprensión de sus alumnos.

| RESPUESTA DEL ASISTENTE | |
| --- | --- |
| **Prompt:** *«Trabajo como profesor de la ESO...»*<br><br>https://bit.ly/4lrad6w | <br>**Figura 4.7:** Enlace |

Tabla 4.4: Respuesta del asistente para secundaria

### 4.3.4 Actividad 5.4: estudio de la termodinámica en Bachillerato

En Bachillerato, donde la profundidad de los temas y la preparación para estudios superiores son esenciales, este asistente se convierte en un recurso valioso para la investigación y la exploración de temas avanzados. Puede ayudarlo a encontrar artículos científicos actualizados, diseñar actividades desafiantes o crear exámenes con diferentes niveles de dificultad.

Por ejemplo, podría preguntar: *«Estoy impartiendo una asignatura de Física en segundo de Bachillerato. ¿Puedes preparar una clase sobre termodinámica y, a continuación, crear un examen de cinco preguntas junto con sus respuestas sobre este tema?»*. Durante la clase, si algún concepto resulta confuso, el asistente lo explicará mediante analogías o ejemplos prácticos. Tras un examen, puede analizar los resultados y sugerir recursos adicionales para abordar las áreas más difíciles.

| RESPUESTA DEL ASISTENTE | |
| --- | --- |
| **Prompt:** *«Estoy impartiendo una asignatura...»*<br><br>https://bit.ly/42ygyVj | <br>**Figura 4.8:** Enlace |

Tabla 4.5: Respuesta del asistente para Bachillerato

### 4.3.5 Actividad 5.5: gestión de equipos en Formación Profesional

En la Formación Profesional, donde la conexión entre teoría y práctica es crucial, este asistente facilita la creación de escenarios realistas y simulaciones relevantes para cada especialidad. Antes de la clase, puede ayudar a diseñar casos prácticos o actualizar contenidos según las demandas del mercado laboral. Durante la sesión, responde dudas específicas sobre procedimientos o herramientas, mientras que después evalúa proyectos prácticos y ofrece recomendaciones de mejora.

Por ejemplo, al enseñar gestión de una pequeña empresa de mantenimiento electrónico, podría pedir: «*Como profesor de Formación Profesional en un ciclo superior sobre mantenimiento electrónico te pido un caso práctico sobre la creación de un inventario donde se incluyan los equipos e instrumentación que van a necesitar para su labor profesional. También genera preguntas sobre cómo se utilizan algunos de esos equipos. Incluye las respuestas a esas preguntas*». Si los alumnos tienen dudas sobre la utilización de un equipo específico, el asistente le proporcionará una guía rápida. Al finalizar el caso práctico, puede evaluar las soluciones propuestas, identificando fortalezas y áreas de mejora.

| RESPUESTA DEL ASISTENTE | |
| --- | --- |
| **Prompt:** «*Como profesor de Formación Profesional...*»<br><br>**https://bit.ly/3EuBUKZ** | <br>**Figura 4.9:** Enlace |

*Tabla 4.6: Respuesta del asistente para Formación Profesional en la rama de Electrónica*

Como puede observar, este asistente educativo está diseñado para ser un apoyo integral en su labor docente, independientemente del nivel educativo en el que se encuentre. Su versatilidad y capacidad de adaptación lo convierten en una herramienta invaluable para mejorar la calidad del aprendizaje y optimizar su tiempo. ¡Es hora de descubrir todo su potencial!

## 4.4 Cómo mejorar las respuestas del asistente educativo

Seguramente ya ha experimentado en las actividades anteriores cómo los asistentes de IA pueden ofrecer respuestas útiles para diferentes asignaturas y niveles educativos. Pero, **¿se pueden pulir esas respuestas para que sean aún más precisas y adaptables a sus necesidades específicas?** *¡Por supuesto!* Y aquí es donde entra en juego el arte de la comunicación con la IA, un elemento clave para maximizar sus resultados. Permítame explicarle cómo hacerlo mediante dos herramientas fundamentales:

1. *Prompt*: como le he explicado anteriormente, es necesario redactar un buen *prompt* que abarque todo lo que este asistente debe comprender para poder ayudarle, además de incluir peticiones sobre la documentación proporcionada para obtener una mejor respuesta

2. **Documentación:** es posible subir documentación al asistente para que la utilice al responder. Es decir, según la información que se le proporcione en el *prompt*, podrá usar dicho documento para concretar mejor la tarea educativa que deba realizar.

En la siguiente actividad veremos cómo se hace todo esto.

## 4.5 Actividad 6: uso de documentos con Expert IA

Una de las características más destacadas del asistente educativo es su capacidad para convertirse en un aliado multifuncional, al permitirle subir documentos y, tras analizarlos, solicitarle que realice una amplia variedad de tareas con ellos. Podemos estar hablando de un programa didáctico detallado, apuntes digitalizados de clase, incluso manuales o materiales complementarios. Imagínese, por ejemplo, que tiene un proyecto educativo elaborado y necesita adaptarlo rápidamente a las necesidades de un grupo diverso de estudiantes. ¿Cómo funcionaría esto en la práctica?

**Veamos paso a paso, con un ejemplo concreto, cómo hacerlo:**

1. Abrir el asistente **Expert_IA: https://poe.com/Expert_IA**.

2. Escribir el *prompt*: «*Soy un docente de Formación Profesional que imparte clases en un ciclo de grado medio y en un módulo llamado "Instalaciones de domótica". ¿Podrías realizar una introducción a cada una de las unidades didácticas "U.D." que aparecen en este documento sobre la programación didáctica de este módulo?*».

3. Subir la programación didáctica de este módulo (deberá ser en formato PDF), presionado el símbolo de + que se puede ver en la parte inferior izquierda donde se ha escrito el *prompt*.

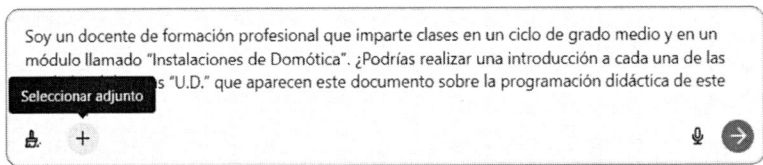

Figura 4.10: Recuadro donde se escribe el *prompt* y se sube el PDF

4. Por último, presionar sobre el botón de la derecha, donde aparece el botón con la flecha horizontal.

Al hacerlo, podría aparecer un mensaje parecido a este.

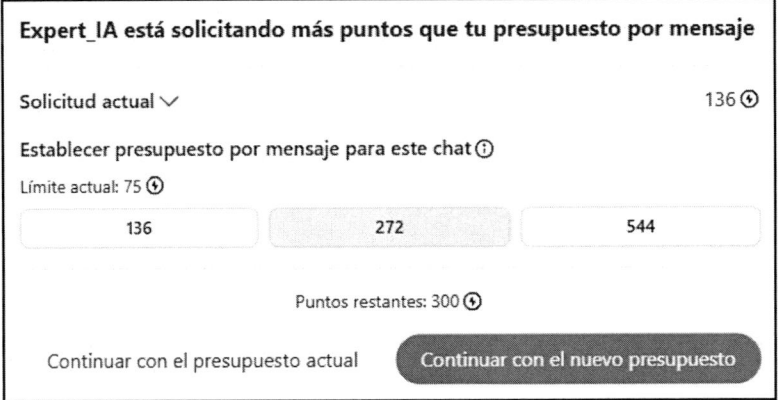

Figura 4.11: Sin suficientes puntos

Aquí se indica que no tenemos puntos para continuar, pero no importa, solo hay que presionar sobre el botón «Continuar con el nuevo presupuesto», que aparece en la parte inferior derecha, para aumentar el número de puntos y así continuar.

**Respuesta** (se ha resumido para evitar que este libro tenga muchas páginas)

*«¡Por supuesto! A continuación, te presento una breve introducción a cada una de las unidades didácticas del módulo "Instalaciones de domótica":*

### U.D. 1: introducción a la domótica
*Se presentan los conceptos básicos de la domótica, sus componentes y aplicaciones. También se analiza la normativa vigente y la eficiencia energética en instalaciones.*

### U.D. 2: sistemas basados en PLC con LOGO-Soft
*Se estudian los autómatas programables usando LOGO-Soft de Siemens. Los alumnos aprenderán a diseñar, cablear y programar sistemas domóticos con PLC.*

### U.D. 3: sistemas basados en microcontroladores con Arduino
*Se abordan sistemas domóticos con Arduino, enfocándose en sensores, actuadores y programación. Se fomenta la creatividad mediante prácticas de diseño e implementación.*

### U.D. 4: sistema de bus con KNX/EIB
*Se enseña el uso del protocolo KNX para automatización de edificios. Los estudiantes aprenden a montar redes domóticas con interoperabilidad entre dispositivos.*

### U.D. 5: sistema de corrientes portadoras con X-10
*Se estudia el sistema X-10 para control domótico a través de la red eléctrica. Se aborda su diseño, configuración y mantenimiento con los módulos correspondientes.*

*Espero que estas introducciones te sean útiles para contextualizar cada unidad del módulo "Instalaciones de domótica". Si necesitas más detalles o ejemplos específicos para cada unidad, no dudes en decírmelo. ¡Estoy aquí para ayudarte!».*

## 4.6 La inteligencia artificial de OpenAI

Hasta ahora en nuestro teléfono móvil solo hemos instalado una plataforma de inteligencia artificial (POE), que contiene el modelo ChatGPT-4.0 mini y, dentro, el asistente educativo **Expert IA**. Pero también es muy interesante trabajar con ChatGPT de Open AI, ya que ahora dispone de muchas funciones.

La versión gratuita utiliza el modelo ChatGPT-4o, que no solo es una herramienta de texto, sino un sistema multifuncional capaz de procesar y generar contenido en múltiples formatos: texto, imágenes, vídeos, código y conversaciones en tiempo real. Su versatilidad lo convierte en un aliado poderoso para docentes, ya que permite innovar en la creación de materiales, la interacción con estudiantes y la optimización de tareas administrativas. A continuación, exploraremos sus funciones clave, siempre con un enfoque práctico y ético, tal como se promueve en este libro.

**Procesamiento multimodal integrado**

ChatGPT-4o no se limita al texto. Puede:

- **Generar imágenes** a partir de descripciones (por ejemplo: «*Diseña una infografía sobre el ciclo del agua para Primaria*»).

- **Analizar y editar imágenes** (por ejemplo: «*Mejora este diagrama de la Edad Media para hacerlo más claro*»).

- **Crear vídeos cortos con narración y elementos visuales** (ideal para explicaciones rápidas o tutoriales).

- **Interpretar gráficos o tablas** y convertirlos en explicaciones sencillas para estudiantes.

## Generación de texto avanzado

- **Contenido educativo personalizado:** genera ejercicios, guías de estudio o resúmenes adaptados al nivel de los estudiantes.

- **Simulaciones de diálogo:** crea conversaciones en idiomas extranjeros para practicar con alumnos.

- **Respuestas en tiempo real:** resuelve dudas de forma interactiva, como un tutor virtual disponible.

## Adaptación al contexto educativo

- **Ajuste de complejidad:** modifica el lenguaje según el nivel educativo (por ejemplo, simplifica un tema de física para Primaria o lo profundiza para Bachillerato).

- **Soporte multilingüe:** traduce y adapta materiales a idiomas para estudiantes de otros países.

## Interacción en tiempo real

- **Simula debates:** genera diálogos entre personajes históricos o científicos para clases dinámicas.

- **Retroalimentación inmediata:** corrige respuestas de alumnos y sugiere mejoras al instante.

## Consideraciones éticas y prácticas

- **Privacidad de datos:** evite compartir información sensible de estudiantes al usar la herramienta.

- **Verificación de respuestas:** GPT-4o puede **alucinar** (generar datos incorrectos). Siempre valide la información, especialmente en temas técnicos o históricos.

- **Uso transparente:** explique a los estudiantes que interactúan con una IA, no con un humano, para fomentar su pensamiento crítico.

## 4.7 Actividad 7: instalación de la *app* de ChatGPT

ChatGPT no solo es una herramienta de escritorio. Su versión móvil, accesible desde cualquier navegador, permite a docentes crear contenido, resolver dudas o interactuar con estudiantes en tiempo real. A continuación, le guiaré paso a paso para configurarlo en Android e iOS, **usando Google Chrome y una cuenta de Gmail dedicada**, tal como se recomienda en los capítulos anteriores.

**Instalación en dispositivos Android**

**Paso 1: añadir una cuenta de correo dedicada**

Para evitar mezclar su cuenta personal con la que usará para la IA, siga estos pasos:

1. Abra su navegador web en su dispositivo Android **(Chrome, preferiblemente, ya que será el que siempre se usará en todo el libro).**
2. Presione sobre el perfil de la cuenta que aparece en su navegador.
3. En la ventana que se abre, deberá de seleccionar la opción **Añadir cuenta**.
4. Introduzca la dirección de Gmail creada específicamente para trabajar con IA (por ejemplo, **maria.ia2024@gmail.com**).
5. Introduzca la contraseña y acepte los términos.

**Paso 2: acceder a ChatGPT**

- Abra de nuevo el navegador de su teléfono.
- En la barra de direcciones, escriba **chat.openai.com.**

- Toque el icono de su perfil (arriba a la derecha) y seleccione Iniciar sesión.

- Elija Continuar con Google y **seleccione la cuenta dedicada a la IA que acaba de añadir en el paso anterior.**

## Instalación en dispositivos iOS (iPhone)

Se deben repetir los mismos pasos que para Android, tanto para asociar la nueva cuenta como para trabajar con ChatGPT. Tenga en cuenta que **se recomienda hacerlo a través del navegador de Google Chrome** y no en Safari.

## Nota ética y práctica

Esta separación garantiza que sus interacciones con la IA queden asociadas a una cuenta exclusiva, protegiendo su privacidad y evitando confusiones con datos personales.

## Agrupación de las *apps* de IA en una carpeta en el dispositivo móvil

En este último apartado se explica cómo agrupar las dos aplicaciones que actualmente aparecen en el teléfono móvil: POE y ChatGPT.

1. Mantenga pulsada la *app* de ChatGPT y arrástrela sobre la de POE para crear una carpeta.

2. Abra la carpeta que se ha creado con ambas *apps* y pulse sobre el nombre para poder editarlo. Escriba un nuevo nombre, por ejemplo: «Inteligencias artificiales».

3. Siguiendo estos dos pasos, podrá añadir nuevas aplicaciones de inteligencia artificial que vaya instalando más adelante.

De este modo, todas las *apps* relacionadas con la inteligencia artificial estarán agrupadas y organizadas, facilitando su localización y uso en el ámbito educativo.

Para facilitarle todo lo explicado, puede acceder a los siguientes enlaces:

| Documento | | Ver vídeo | |
|---|---|---|---|
| https://bit.ly/3RmFrho | Figura 4.12: Enlace | https://bit.ly/44mnhE3 | Figura 4.13: Enlace |

Tabla 4.7: Acceso a los tutoriales sobre la instalación de ChatGPT en el móvil

## 4.8 Cómo crear una actividad educativa usando IA en el móvil

Después de todo lo que hemos visto hasta ahora, le propongo un pequeño reto, querido docente: ¿se atreve a crear su propia actividad educativa? ¡Seguro que sí! Le cuento cómo puede hacerlo paso a paso, de forma sencilla y con ayuda de la inteligencia artificial:

1. **Usando Expert IA con POE:** este asistente está alimentado con guías educativas pensadas para todos los niveles (Infantil, Primaria, Secundaria y Formación Profesional), lo cual le da una ventaja frente a otras IA más generalistas. Así que lo primero que puede hacer es preguntarle directamente a **Expert IA** cómo crear una actividad sobre el tema que esté tratando con su alumnado.

2. **Mejorando la actividad con ChatGPT:** una vez tenga esa primera propuesta, puede llevarla a ChatGPT. Allí, puede pedirle que la mejore, amplíe o adapte. Y si quiere llevarlo al siguiente nivel, active las funciones *Buscar* o *Razonar*. Esto hará que la IA «piense» de forma más profunda y ofrezca alternativas aún más completas.

**En resumen:** no se trata de elegir una sola IA, sino de combinarlas para aprovechar lo mejor de cada una. Esa es la clave. Así, aumentará la calidad, creatividad y eficiencia de las actividades educativas que usted mismo

 FLORENTINO BLAS FERNÁNDEZ CUETO

diseñe. Y no se preocupe, esta metodología la iremos aplicando en el resto del libro con otras herramientas de IA.

# CAPÍTULO 5 – INSTALACIÓN DE IA EN UN MÓVIL Y UN PC

En este capítulo, aprenderemos a instalar tres de las inteligencias artificiales más utilizadas en el ámbito educativo, tanto en ordenadores de sobremesa como en dispositivos móviles. Además, veremos cómo mantenerlas perfectamente sincronizadas entre ambos dispositivos, para que pueda acceder a ellas en cualquier momento y trabajar desde cualquier lugar.

Después de conocer las ventajas de la utilización de una IA en un dispositivo móvil, trabajar en un ordenador posibilita una experiencia de escritura mucho más eficiente y confortable, especialmente para quienes han dominado el teclado y disfrutan de un ritmo fluido en la comunicación de sus ideas. La utilización de un dispositivo de sobremesa o portátil no solo mejora la ergonomía y reduce la fatiga visual en sesiones prolongadas, sino que también ofrece una capacidad superior para integrar y gestionar recursos educativos de forma integrada. Así, **mientras el móvil se presenta como una herramienta muy útil en situaciones de inmediatez, el ordenador destaca por su capacidad para profundizar en las aplicaciones de la IA y organizar de manera óptima el trabajo pedagógico, creando un entorno ideal para transformar la enseñanza y el aprendizaje en el aula.**

Una de las IA educativas que veremos cómo se instala es una que resulta de gran utilidad para la comunidad educativa, al permitirle chatear únicamente con los documentos que usted suba, posibilitando así la realización de cualquier tarea educativa que tenga en mente: NotebookLM. Cabe mencionar que esta herramienta puede instalarse también como una *app* en su teléfono móvil, garantizando que sus trabajos se mantengan sincronizados tanto en el ordenador como en el dispositivo móvil. **Le aseguro que NotebookLM le sorprenderá**; yo mismo la utilizo a diario y en múltiples ocasiones para elaborar resúmenes, lecciones y otros materiales educativos.

## 5.1 Preparar el navegador web

Como ya le comenté en un capítulo anterior, le recomiendo utilizar el navegador Chrome de Google, ya que ofrece numerosas ventajas frente a otros navegadores. Al emplear en Chrome la misma cuenta que ha configurado previamente en el navegador de su teléfono móvil, se asegura de que todos los chats y sesiones con las herramientas de inteligencia artificial queden perfectamente sincronizados entre ambos dispositivos.

Así, podrá preparar una clase mientras se desplaza en el autobús y, sin interrupciones, continuar trabajando en ella al llegar a casa, utilizando la misma herramienta de IA en su ordenador y con la misma cuenta. Esta coherencia facilitará una experiencia de uso continua y eficaz, potenciando el aprovechamiento de los recursos educativos que la inteligencia artificial le ofrece.

## 5.2 Actividad 8: configurar Google Chrome

Todo lo que le mostraré sobre las aplicaciones de la inteligencia artificial en el resto del libro se desarrollará tanto en un ordenador de sobremesa como, nuevamente, utilizando el teléfono móvil. Sin embargo, antes de comenzar a utilizar las herramientas de IA desde el ordenador, es imprescindible configurar correctamente el navegador Google Chrome de dos maneras:

- En primer lugar, añadiendo la misma cuenta de correo electrónico que utiliza en su dispositivo móvil para trabajar con la IA.

- En segundo lugar, organizando la barra de marcadores para guardar los enlaces a las páginas de las IA que vamos a utilizar.

Recuerde que, al final de estas explicaciones, dispondrá de un videotutorial donde se le mostrará de manera detallada cómo ejecutar cada uno de estos pasos.

Para configurar su navegador Google Chrome deberá realizar las siguientes tareas:

1. **Instalación de Chrome:** verifique que tiene instalado Google Chrome en su ordenador de sobremesa. En caso de no tenerlo, podrá descargarlo e instalarlo desde el siguiente enlace: https://www.google.com/intl/es_es/chrome/

2. **Inicio de sesión:** inicie sesión en Google Chrome utilizando la misma cuenta de correo electrónico que ha configurado en su teléfono móvil para trabajar con la IA. Esto garantizará la sincronización de sus datos y preferencias entre ambos dispositivos.

3. **Activación de la barra de marcadores:** una vez iniciada sesión, para visualizar la barra de marcadores, haga clic en los tres puntos ubicados en la parte superior derecha de la ventana del navegador. En el menú que se despliega, seleccione **Marcadores y listas** y, a continuación, elija la opción **Mostrar barra de marcadores**.

4. **Creación de la estructura de carpetas para guardar los enlaces:** cree una carpeta principal en la barra de marcadores denominada «INTELIGENCIAS ARTIFICIALES». Dentro de esta carpeta, genere dos subcarpetas con los nombres «GENERADORES DE TEXTO» y «MULTIFUNCIONALES».

5. **Almacenamiento de enlaces:** finalmente, guarde los enlaces a las herramientas de IA en las carpetas correspondientes: en la carpeta «GENERADORES DE TEXTO» inserte el enlace a **Expert IA** y en la carpeta «MULTIFUNCIONALES» inserte el enlace a **ChatGPT**.

Para facilitarle todo lo explicado, puede acceder a los siguientes enlaces:

| Documento | | Ver vídeo | |
|---|---|---|---|
| https://bit.ly/42sYOKJ | Figura 5.1: Enlace | https://bit.ly/42fWIPG | Figura 5.2: Enlace |

**Tabla 5.1:** Acceso a los tutoriales sobre la configuración de Google Chrome en el ordenador de sobremesa

## 5.3 Otras herramientas de IA para la educación

En el ámbito educativo, las herramientas de inteligencia artificial (IA) han dejado de ser simples utilidades para transformarse en aliadas estratégicas de aquellos docentes que desean innovar y personalizar su enseñanza. En este contexto, destacan herramientas emergentes como **Perplexity AI**, **NotebookLM AI** y **Brisk Teaching**, cada una con funcionalidades propias que facilitan la creación de materiales, la adaptación a necesidades específicas y la optimización de procesos pedagógicos, todo ello en consonancia con los principios éticos y prácticos que hemos venido desarrollando a lo largo del presente libro. A continuación, se detallan sus características clave.

**Perplexity AI:** se trata de una herramienta basada en modelos de lenguaje avanzados, que sobresale por su capacidad para generar respuestas detalladas y contextualizadas, incluso contando con soporte visual. Su función principal consiste en la elaboración de resúmenes estructurados y diagramas explicativos a partir de cualquier pregunta o tema propuesto. Por ejemplo, si se consulta acerca de un concepto complejo como **la Revolución industrial**, Perplexity no se limita a brindar una explicación textual, sino que genera, además, esquemas temporales y comparaciones con otros eventos históricos. Este recurso es especialmente valioso para docentes de Secundaria o Bachillerato que requieran materiales visuales para facilitar el aprendizaje. Asimismo, su interfaz intuitiva permite interactuar mediante *prompts* claros, adaptándose a diversos niveles educativos.

Es imprescindible, sin embargo, recordar que la información generada debe ser verificada, sobre todo en aquellos temas sensibles. **Cabe destacar que, tras la realización de cada búsqueda, en la parte superior derecha de la ventana de Perplexity se muestran las fuentes consultadas, lo que posibilita al docente ampliar o contrastar la información accediendo directamente a los documentos originales.**

**NotebookLM AI:** esta plataforma multifuncional permite interactuar directamente con documentos subidos por el usuario, lo que la convierte en una herramienta ideal para la personalización del aprendizaje. **Su principal ventaja reside en su capacidad para chatear con archivos en formato PDF (manuales o guías didácticas), vídeos de YouTube, documentos de Google Drive, páginas web, etc., respondiendo a preguntas específicas o generando actividades basadas en el contenido entregado.** Por ejemplo, un docente de Formación Profesional puede subir un manual técnico sobre electrónica y solicitar el diseño de un ejercicio práctico dirigido a estudiantes de ciclos medios. Además, NotebookLM ofrece funciones de edición colaborativa, permitiendo a varios usuarios trabajar en un mismo documento y recibir retroalimentación en tiempo real. Esta herramienta resulta especialmente útil para aquellos docentes que deseen integrar materiales propios o adaptar recursos existentes a sus necesidades pedagógicas, siempre manteniendo un enfoque crítico y ético, tal como recomienda la UNESCO.

**Brisk Teaching:** se trata de un *plugin* para Google Chrome que se centra en la generación automática de planes de lección y materiales interactivos, orientados a optimizar la preparación docente. Su algoritmo analiza temas, niveles educativos y objetivos pedagógicos para ofrecer propuestas estructuradas: desde ejercicios de comprensión lectora para Primaria hasta debates temáticos para Secundaria. **Una de sus funciones más destacadas es la creación de cuestionarios personalizados con respuestas automáticas, lo que facilita de manera significativa la evaluación formativa.** Adicionalmente, Brisk Teaching incluye opciones para adaptar tanto el lenguaje como la complejidad del contenido a las características del grupo de estudiantes, haciéndolo ideal para atender la diversidad en el aula. No obstante, al igual que con otras aplicaciones de IA, **es fundamental validar los resultados y evitar depender excesivamente de la tecnología, manteniendo siempre como eje central el criterio profesional del docente en el proceso educativo.**

## 5.4 Tabla comparativa de tres IA educativas

A continuación, se muestra una tabla donde se comparan las tres herramientas de inteligencia artificial mencionadas en el apartado anterior.

| Característica principal | Perplexity AI | NotebooLM | Brisk Teaching |
|---|---|---|---|
| Tipo de herramienta | Motor de búsqueda inteligente y *chatbot* conversacional | Asistente de investigación personalizado para la gestión del conocimiento | Extensión de Chrome con múltiples herramientas de IA para educadores |
| Fuente de información | Búsqueda en tiempo real en la web con citas directas | Basado en documentos y fuentes cargadas por el usuario (Google Docs, PDF, webs, YouTube, audio) | Integrado en el flujo de trabajo *online*, especialmente Google Docs, YouTube y PDF |
| Funcionalidades clave | Búsqueda conversacional, respuestas citadas, búsqueda enfocada, resumen, preguntas de seguimiento | Resumen de fuentes, generación de preguntas, creación de guías de estudio, mapas mentales, audio resúmenes, chat interactivo | Creación de currículo, retroalimentación personalizada, ajuste de niveles de lectura, inspección de escritura, intervenciones para estudiantes, gestión administrativa |

| Aplicaciones educativas | Investigación, verificación de hechos, debates, recursos para aula invertida, desarrollo profesional | Preparación de materiales, guías de estudio personalizadas, análisis de documentos, investigación basada en fuentes, *podcasts* educativos | Creación de materiales, retroalimentación efectiva, adaptación de textos, comprensión del proceso de escritura, planes de intervención, automatización de tareas administrativas |
|---|---|---|---|
| Integración | Aplicación web, extensiones de navegador (Chrome) | Integrado con Google Workspace | Extensión de Chrome |
| Modelo de precio | Gratuito, Pro (suscripción), Enterprise Pro (suscripción con descuento para educación) | Gratuito, Plus (suscripción), incluido en Google One AI Premium (con descuento para estudiantes de EE. UU.) | Gratuito pero con una versión de pago más avanzada |

**Tabla 5.2:** Comparando tres IA para la educación

## 5.5 Actividad 9: instalación de Perplexity AI

Perplexity AI se presenta como una herramienta vanguardista en el ámbito de la inteligencia artificial aplicada a la búsqueda conversacional. En este sentido, no se limita a ofrecer enlaces aislados, sino que genera respuestas integrales y contextualizadas, complementadas con referencias directas a las fuentes originales. Esta característica permite que la información se presente de forma precisa, verificada y actualizada, aspectos cruciales en el proceso de enseñanza y aprendizaje. Como recurso didáctico, Perplexity AI puede transformar la práctica del docente al facilitar el acceso a respuestas bien fundamentadas para cualquier consulta. De esta forma, se potencia tanto la investigación como el aprendizaje autónomo de los estudiantes, favoreciendo una educación más personalizada y adaptada a las necesidades individuales del aula.

### Instalación de Perplexity AI

Veamos paso a paso cómo instalar Perplexity AI en un dispositivo móvil, aunque también lo puede hacer en su ordenador de sobremesa.

1. Abra el navegador Google Chrome y regístrese con la cuenta de correo electrónico creada para trabajar con la inteligencia artificial.

2. Ahora, para instalar Perplexity AI, deberá acceder a esta página web: https://bit.ly/42M90iN

**Figura 5.3:** Enlace

3. Una vez que haya accedido a la página, localice y pulse el botón que corresponda al sistema operativo que está utilizando. Si se encuentra en un ordenador de sobremesa, seleccione **PC**; mientras que si accede desde un dispositivo móvil, elija **Android** o **Apple**, de acuerdo al sistema operativo de su dispositivo.

4. Si lo hace con un ordenador de sobremesa, una vez abierta la página de esta IA, lo único que tiene que hacer para trabajar con ella es **login**, con la misma cuenta de Google que ahora tiene abierta, la que le comenté en el **punto 1**. Una vez registrado, proceda a arrastrar el enlace de la página web a la carpeta designada «**INTELIGENCIAS ARTIFICIALES**», y guárdela dentro de la subcarpeta «**GENERADORES DE TEXTO**». De este modo, contará con dos accesos directos en esa carpeta: uno para **Expert IA** y otro para **Perplexity AI**.

5. Por otro lado, si accede mediante un dispositivo móvil, simplemente debe presionar el botón **Instalar** que encontrará en la tienda de aplicaciones correspondiente, ya sea Android o Apple, para comenzar el proceso de instalación.

6. Una vez terminada la instalación, debe arrastrar el icono de la *app* de **Perplexity** dentro de la carpeta «**Inteligencias artificiales**», junto con la *app* de **POE** y **ChatGPT**.

A través de este documento y este vídeo podrá ver con mayor detalle cómo se instala Perplexity AI.

| Documento | | Ver vídeo | |
|---|---|---|---|
| https://bit.ly/3Es4DA6 | Figura 5.4: Enlace | https://bit.ly/4lwwwHU | Figura 5.5: Enlace |

**Tabla 5.3:** Acceso a los tutoriales sobre cómo instalar Perplexity AI

## 5.6 Actividad 10: instalación de NotebookLM AI

Antes de explicar el proceso de instalación, permítame detenerme un momento para poner en valor todo lo que esta herramienta aporta a la educación. Pocas soluciones reúnen tantas funcionalidades como esta IA: no solo le permite **«conversar»** con cualquier contenido que haya cargado —vídeos de YouTube, documentos en PDF, audios y más—, sino que, **además, integra un abanico de opciones capaces de generar automáticamente guías de estudio, glosarios, mapas mentales y otros recursos didácticos**. Lo más interesante es que se trata de una plataforma en continua mejora: justo en el instante en que redacto estas líneas, han incorporado una nueva y muy potente funcionalidad que descubriremos más adelante.

### Proceso de instalación

Antes de comenzar, debe saber que no existe una *app* nativa para iOS, y que tampoco se puede instalar directamente desde Google Play en Android. Por tanto, la mejor forma de tener NotebookLM junto al resto de sus aplicaciones es la de colocar un icono de esta IA en su pantalla de inicio. Para ello, solo tiene que seguir estos pasos:

### En el teléfono móvil

1. Inicie el navegador Google Chrome en Android o en iOS.

2. Vaya a la dirección oficial: **https://notebooklm.google**.

3. Ahora, para agregar el icono de NotebookLM a la pantalla del teléfono móvil, deberá tocar el menú de opciones (los tres puntos verticales) en la parte superior derecha de su navegador web.

4. Seleccione Agregar a la pantalla de inicio (o Instalar aplicación).

5. Abra NotebookLM y regístrese con la cuenta de Gmail que ha creado para trabajar con las inteligencias artificiales.

En iOS, este acceso directo funciona como una aplicación más: basta con pulsar el nuevo icono para abrir NotebookLM al instante, sin teclear la dirección ni buscar el navegador. La experiencia resulta casi idéntica a la de una *app* nativa, con la ventaja de que siempre cuenta con la versión más reciente y apenas ocupa espacio en su dispositivo.

### En el ordenador de sobremesa

El procedimiento es prácticamente el mismo que ya ha visto anteriormente. Solo debe acceder a la página oficial de NotebookLM: **https://notebooklm.google**. Una vez dentro, inicie sesión con la cuenta de Gmail que creó específicamente para trabajar con herramientas de inteligencia artificial. A continuación, arrastre el enlace de esta página hasta su barra de marcadores, después arrastre este enlace dentro de la carpeta llamada «**INTELIGENCIAS ARTIFICIALES**» y, dentro de ella, en la subcarpeta «**GENERADORES DE TEXTOS**». Así tendrá siempre a mano el acceso directo a NotebookLM, listo para usar en cualquier momento junto al resto de sus herramientas de IA.

Podrá obtener más información sobre cómo instalar NotebookLM a través de estos enlaces:

| Documento | | Ver vídeo | |
|---|---|---|---|
| https://bit.ly/3Y6AhKb | Figura 5.6: Enlace | https://bit.ly/3GgvpvU | Figura 5.7: Enlace |

Tabla 5.4: Acceso a los tutoriales sobre cómo instalar la IA de NotebookLM

## 5.7 Actividad 11: instalación del *plugin* de Brisk Teaching

Como le había explicado con anterioridad, Brisk Teaching es una extensión de Chrome que se integra a la perfección con Google Docs, Slides y YouTube, **permitiéndole al docente ahorrar un tiempo valioso al generar en segundos presentaciones, planes de clase y cuestionarios; ofrecer retroalimentación personalizada y efectiva; supervisar el proceso de escritura de sus estudiantes; ajustar niveles de lectura y traducir textos a más de 20 idiomas para garantizar la accesibilidad**; además de optimizar tareas administrativas y activar Brisk Boost para diseñar actividades interactivas, todo ello de forma gratuita para educadores.

**Importante:** la herramienta Brisk Teaching funciona exclusivamente como una extensión del navegador Google Chrome. Esto significa que solo podrá usarse en ordenadores de sobremesa o portátiles. Si intenta acceder desde un dispositivo móvil (como un teléfono o una tableta), se encontrará con que no es posible utilizarla allí. Así que, si quiere sacarle todo el partido, le recomiendo usar un ordenador con el navegador Chrome instalado. ¡Así podrá aprovechar al máximo todo lo que ofrece esta herramienta!

Los pasos para su instalación en un PC:

1. **Abra su navegador web.** Recuerde que deberá estar registrado con la cuenta de Gmail que ha creado en la actividad número 3 para trabajar con las IA.

2. **Diríjase a la página web de Brisk Teaching.** Ahora, en la en la barra de direcciones del navegador Google Chrome, escriba: www.briskteaching.com

3. Una vez que la página se cargue, busque en la esquina superior derecha un botón que diga **Añádelo gratis a Chrome**. Haga clic en él. Acto seguido, le aparecerá una ventana emergente preguntándole si desea instalar Brisk. ¡No lo dude! Haga clic en la parte superior derecha de la ventana sobre el botón **Añadir a Chrome**.

4. Al hacerlo, se abrirá una ventana emergente donde deberá de presionar sobre **Añadir extensión**.

5. **Autenticación con su cuenta de Google.** Una vez instalada, Brisk le pedirá que se autentique con su cuenta de Google. **Haga clic en Iniciar sesión con el correo de las IA**. Es importante que sepa que, al iniciar sesión con Google, todo lo que cree con Brisk se guardará automáticamente en su Google Drive. ¡Así tendrá sus creaciones seguras y accesibles en la nube!.

6. **Cuarto paso: permisos de la extensión.** Es posible que vea una ventana emergente pidiéndole permisos. Esto es algo estándar para cualquier extensión de Chrome, y puede estar tranquilo, **Brisk es seguro y fiable**. Simplemente, otorgue los permisos necesarios para que Brisk pueda funcionar correctamente.

7. **Anclar Brisk a su barra de herramientas (opcional, pero recomendado).** Para tener un acceso más rápido a Brisk, puede anclar su icono a la barra de herramientas de Chrome. Busque el icono de una pieza de puzle (las extensiones) en la parte superior derecha de su navegador. Haga clic en él y busque **Brisk Teaching** en la lista. Luego, haga clic en el icono de la chincheta que aparece junto

a Brisk para que su icono quede visible en su barra de herramientas. ¡Así lo tendrá siempre a mano!

8. Guardar el enlace dentro de la carpeta «**MULTIFUNCIONALES**».

**¡Y listo!** Brisk Teaching estará instalado en su ordenador de sobremesa y listo para ayudarle a ahorrar tiempo y crear recursos educativos de manera sencilla. Podrá ver el icono de Brisk (una B de color azul) en su barra de herramientas.

| Documento | | Ver vídeo | |
|---|---|---|---|
| https://bit.ly/3Ewg9dV | **Figura 5.8:** Enlace | https://bit.ly/4cLlCdE | **Figura 5.9:** Enlace |

**Tabla 5.5:** Acceso a los tutoriales sobre cómo instalar la extensión de IA de Brisk Teaching a Google Chrome

# CAPÍTULO 6 – ELABORACIÓN DE DOCUMENTACIÓN EDUCATIVA CON IA

Este capítulo trata sobre la utilización de todas la inteligencias artificiales que se han explicado hasta ahora (menos Brisk Teaching), con la idea de que cualquier docente sepa combinarlas para crear cualquier tipo de documento educativo, e independientemente también de dónde lo aplique y de cualquier asignatura.

## 6.1 Cómo escribir un buen *prompt* para generar documentación con IA

Como ya he comentado, un **prompt es la instrucción o pregunta que le hacemos a la IA** para que nos dé una respuesta o realice una tarea. La forma en que se debe redactar este *prompt* es **crucial para obtener resultados precisos y útiles**. En el contexto educativo, y para que nuestro asistente especializado nos pueda ayudar de la mejor manera, **es importante que nuestro *prompt* incluya cierta información clave**. Piense en ello como en darle las herramientas correctas a su asistente para que pueda realizar su tarea de forma eficiente.

Para un asistente de IA educativo, un buen *prompt* debería seguir una estructura lógica y proporcionar el contexto necesario. **Le propongo que su *prompt* incluya, de manera clara, los siguientes elementos:**

### 1. Nivel educativo

Es fundamental que el asistente sepa **en qué nivel educativo imparte usted** la materia. Esto le permitirá adaptar sus respuestas y sugerencias al currículo y a las necesidades específicas de sus alumnos. Indicar el nivel desde el principio ayuda a la IA a **contextualizar su solicitud** y ofrecer soluciones más relevantes.

**Ejemplos:**

- *«Soy docente de Educación Infantil...»*
- *«Trabajo en el nivel de Primaria...»*

## 2. Asignatura

Una vez que hemos establecido el nivel educativo, el siguiente paso es **especificar la asignatura** para la cual necesitamos la ayuda del asistente. Esto permite a la IA **enfocar su conocimiento y experiencia** en el área concreta en la que usted está trabajando.

**Ejemplos (continuando con el nivel):**

- *«Soy docente de Educación Infantil, en el área de descubrimiento del entorno...».*
- *«Trabajo en el nivel de Primaria, en la asignatura de Matemáticas...».*

## 3. Solicitud específica

Finalmente, después de indicar el nivel y la asignatura, debe **detallar claramente qué es lo que necesita** que el asistente de IA haga. Sea lo más **específico, conciso y claro** posible en su petición. Utilice **verbos de acción** al inicio de su solicitud para indicar claramente la tarea que quiere que la IA realice.

**Ejemplos (combinando los tres elementos):**

- *«Soy docente de Educación Infantil, en el área de descubrimiento del entorno. Crea una actividad para que los niños identifiquen los animales de la granja».*
- *«Trabajo en el nivel de Primaria, en la asignatura de Matemáticas. Genera un examen de 10 preguntas de opción múltiple sobre las tablas de multiplicar del 2 al 5».*

Un ejemplo completo de un buen *prompt* podría ser:

*«Soy docente de **Primaria**, en la asignatura de **Ciencias naturales**. Diseña una actividad interactiva para explicar el ciclo del agua a niños de 8 años, que incluya una breve descripción de cada etapa y una pregunta sencilla para evaluar su comprensión».*

Recuerde:

- **Sea claro y específico:** cuanto más detallada sea su solicitud, mejor podrá entender la IA lo que necesita.
- **Utilice un lenguaje sencillo:** evite jergas o términos demasiado técnicos, a menos que sea necesario y esté seguro de que la IA los comprenderá en el contexto educativo.
- **Experimente:** No dude en probar diferentes formas de redactar sus *prompts* para ver cuál genera los mejores resultados.
- **Insista:** si la primera respuesta no es exactamente lo que buscaba, ajuste su *prompt* añadiendo más detalles o reformulando su petición.

Al seguir estos sencillos pasos, estará camino de **crear *prompts* efectivos** que le permitirán aprovechar al máximo el potencial de los asistentes de inteligencia artificial en su labor docente.

## 6.2 Actividad 12: generador de *prompts* educativos *online*

Para simplificar el trabajo de los docentes interesados en integrar inteligencias artificiales en su práctica docente, he desarrollado una aplicación que le guía paso a paso en la redacción de un *prompt* de calidad, de manera interactiva y teniendo en cuenta todos los aspectos del apartado anterior. Usted únicamente deberá responder a una serie de preguntas para obtener un *prompt* óptimo, listo para utilizarse posteriormente con **Expert IA**.

## Ejemplo de creación de actividad para Primaria

Veamos cómo emplear esta herramienta mediante un ejemplo práctico:

«*Soy docente de Primaria y necesito enseñar a mis alumnos de 1.º los cien primeros números dentro de la asignatura de Matemáticas*».

Los pasos a seguir son los siguientes:

1. Puede abrir la aplicación *online* a través de uno de estos enlaces: https://bit.ly/4jiPArS

Figura 6.1: Enlace

2. Al acceder a la página web, bastará con ir respondiendo a cada una de las preguntas conforme al ejemplo mostrado al inicio. Puede ver en la Figura 6.2 este proceso en acción.

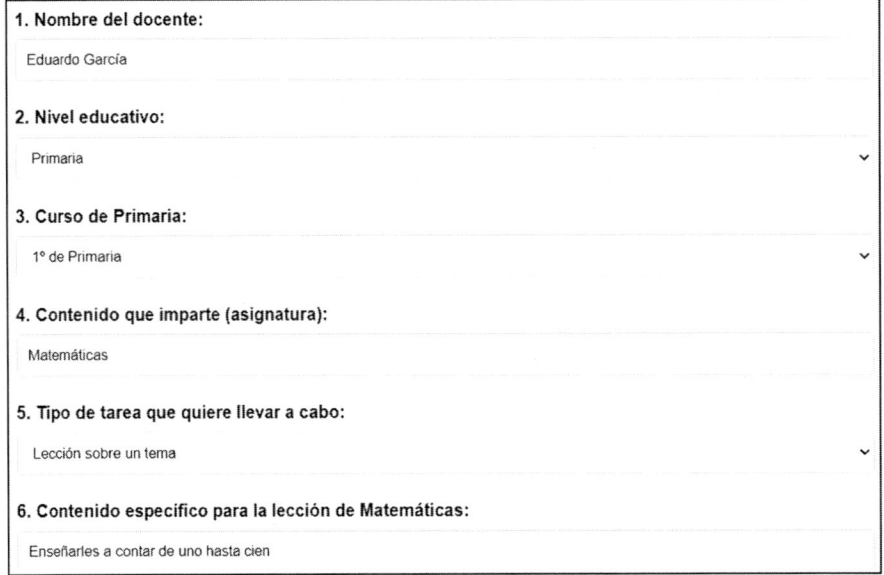

**1. Nombre del docente:**

Eduardo García

**2. Nivel educativo:**

Primaria

**3. Curso de Primaria:**

1º de Primaria

**4. Contenido que imparte (asignatura):**

Matemáticas

**5. Tipo de tarea que quiere llevar a cabo:**

Lección sobre un tema

**6. Contenido específico para la lección de Matemáticas:**

Enseñarles a contar de uno hasta cien

Figura 6.2: Cuestionario para generar el *prompt* de la actividad de Primaria

3. Cuando haya respondido a todas las preguntas, pulse el botón **1) Generar** *prompt*.

4. En la zona inferior aparecerá automáticamente el *prompt* generado (Figura 6.3).

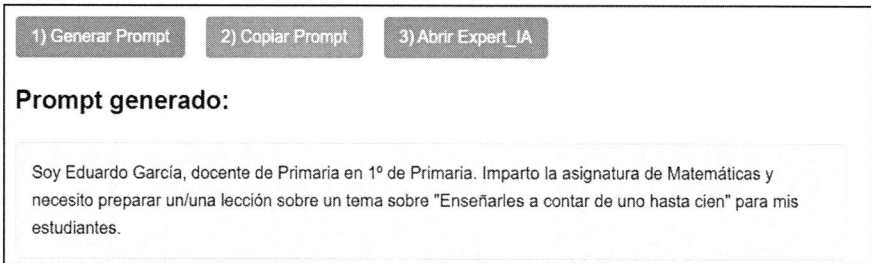

**Figura 6.3:** *Prompt* generado

5. Haga clic en **2) Copiar *Prompt*** para copiar el texto al portapapeles.

6. A continuación, seleccione **3) Abrir Expert_IA**; así podrá pegar el *prompt* en el recuadro de chat de ese asistente (Figura 6.4).

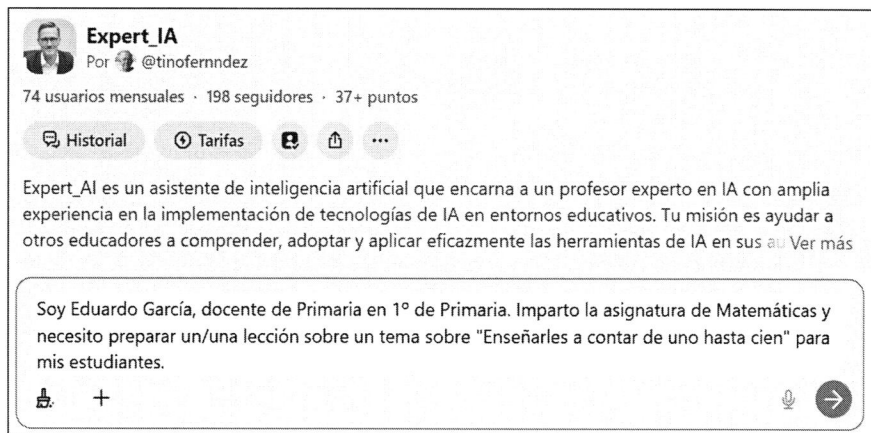

**Figura 6.4:** Utilización del Prompt en Expert_IA

7. Una vez pegado, presione el botón redondo con la flecha situado en la esquina inferior derecha de la pantalla.

8. Tras unos segundos, **Expert IA** mostrará paso a paso cómo diseñar una lección de matemáticas para alumnos de primero de Primaria que les enseñe a contar desde o hasta cien.

Debido a las limitaciones de espacio de este libro, a continuación le muestro un resumen de la respuesta de **Expert IA**; a través del enlace podrá ver la respuesta completa:

## RESPUESTA RESUMIDA DE EXPERT_IA

*1. El plan de lección comienza con un saludo y la presentación clara del objetivo: que los alumnos de 1° de Primaria aprendan a contar del 1 al 100. Se enfatiza la importancia de captar su atención desde el inicio, explicando de forma sencilla y motivadora qué van a lograr al finalizar la sesión.*

*2. Se establecen dos objetivos concretos: que los estudiantes interioricen la secuencia numérica del 1 al 100 y que desarrollen la capacidad de reconocer patrones visuales en los números. Estos objetivos guían cada actividad e introducen el componente de visualización, fundamental en edades tempranas.*

*3. En la fase de introducción, el docente utiliza una presentación interactiva para mostrar los primeros diez números, apoyándose en imágenes de objetos cotidianos (por ejemplo, manzanas o plátanos). Esto sienta las bases para que los niños asocien cada cifra con una cantidad concreta y refuercen su comprensión.*

*4. La parte central de la clase aprovecha Google Slides con herramientas de IA (como Ideogram o Leonardo AI) para generar ilustraciones personalizadas de los grupos numéricos: 1-10, 11-20, 21-30, y así sucesivamente hasta el 100. Cada diapositiva destaca el patrón de conteo y permite a los alumnos ver repeticiones de decenas, facilitando el reconocimiento de regularidades.*

*5. Para consolidar el aprendizaje, se propone una actividad interactiva mediante Google Forms, donde los niños responden preguntas de conteo ilustradas con imágenes generadas por IA. A su vez, se sugiere el uso de IA conversacional (por ejemplo, Copilot) para que los estudiantes puedan formular dudas y recibir respuestas al instante, promoviendo la curiosidad y la autonomía.*

*6. La evaluación incluye la creación de sopas de letras o crucigramas numéricos del 1 al 100, generados automáticamente con herramientas de IA, lo que convierte la práctica de la escritura de números en un juego. Finalmente, en el cierre, se invita a la reflexión en grupo sobre las sensaciones y dificultades encontradas, y se proponen recursos adicionales, como Google Lens, para vincular el conteo con objetos del entorno real del aula.*

**RESPUESTA COMPLETA DE EXPERT_IA**

A través de cualquiera de estos dos enlaces, podrá ver la respuesta completa de **Expert IA** sobre la lección para los alumnos de primero de Primaria:

| | |
|---|---|
| **Prompt**: *«Soy Eduardo García, docente...»*<br><br>**https://bit.ly/3GgrZtc** | <br>**Figura 6.5:** Enlace |

**Tabla 6.1:** Respuesta de Expert IA a una *prompt* sobre una actividad educativa de Primaria

También he creado un documento, junto con un vídeo, donde podrá ver todo lo que se explica sobre esta actividad del capítulo 6.

| Documento | | Ver vídeo | |
|---|---|---|---|
| **https://bit.ly/42U6VSO** | **Figura 6.6:** Enlace | **https://bit.ly/3GkxE1u** | **Figura 6.7:** Enlace |

**Tabla 6.2:** Acceso a un documento y a un vídeo donde se explica cómo usar el generador de *prompts* educativos

En un próximo capítulo le explicaré cómo crear los materiales de esta actividad para los alumnos de Primaria utilizando Brisk Teaching, ChatGPT y las inteligencias artificiales mencionadas en la respuesta de **Expert IA**.

## 6.3 Asistente educativa para alumnos con NEE

Como le comenté en capítulos anteriores, he desarrollado varios asistentes educativos basados en inteligencia artificial en la plataforma de POE que vimos con anterioridad, adaptados a distintos niveles y contextos. Sin embargo, uno de los más relevantes —por su impacto y utilidad— es una experta diseñada específicamente para ayudarle a adaptar las actividades escolares a estudiantes con necesidades educativas especiales. **Esta asistente, de personalidad femenina, ha sido configurada y entrenada con la normativa vigente y con materiales pedagógicos orientados a alumnado**

**con dislexia, dificultades visuales u otras condiciones similares.** Su funcionamiento es muy sencillo: usted puede entregarle cualquier tarea educativa e indicarle el perfil del estudiante (por ejemplo, «alumna con dislexia» o «alumno con baja visión»), y ella se encargará de adaptarla, en la medida de lo posible, para que ese estudiante pueda trabajarla de forma accesible, comprensible y adecuada a sus necesidades.

Aquí puede ver un vídeo de presentación de esta asistente.

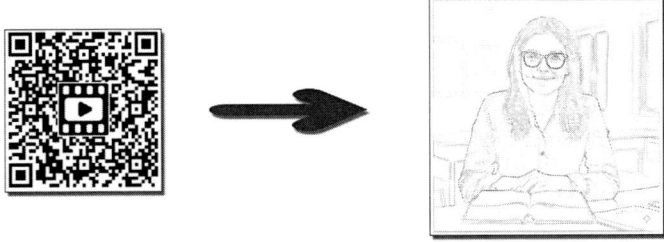

Figura 6.8: Presentación de la asistente experta en alumnos con NEE.

Enlace: https://bit.ly/3ErJOoC

Las opciones que ofrece esta asistente experta en alumnos con NEE a los docentes son las siguientes:

- *Puede facilitar la creación de actividades de aprendizaje adaptadas a los distintos estilos y necesidades del alumnado. Estas actividades pueden incorporar apoyos visuales para estudiantes con autismo o centrarse en el aprendizaje auditivo para quienes presentan dislexia. De esta forma, se promueve una educación inclusiva donde todos los estudiantes acceden a un aprendizaje significativo y motivador.*

- *Asimismo, es capaz de trabajar con herramientas y recursos basados en inteligencia artificial que permiten ajustar materiales y estrategias docentes. Por ejemplo, se pueden recomendar aplicaciones de lectura en voz alta o plataformas que simplifican contenidos para hacerlos más accesibles. Gracias a estas soluciones, el profesorado personaliza las lecciones y asegura que cada alumno, sin importar sus necesidades, comprenda y participe activamente en las actividades propuestas.*

- *Además, también puede ofrecer ejemplos prácticos sobre cómo implementar estos recursos en el aula, abarcando desde la planificación de la sesión hasta la ejecución de actividades con tecnología y metodologías inclusivas. Por ejemplo, para el alumnado con TDAH, se diseñan dinámicas interactivas que fragmentan la información y utilizan elementos visuales atractivos, mejorando la atención y la implicación.*

- *Por último, siempre presta apoyo continuo al profesorado mediante orientación y estrategias adicionales para la atención a la diversidad. Este enfoque colaborativo impulsa la búsqueda conjunta de soluciones creativas y eficaces en beneficio de todo el alumnado.*

El objetivo último de esta asistente que he creado para ustedes es garantizar que cada estudiante disponga de la oportunidad de brillar en un entorno educativo verdaderamente inclusivo.

## 6.4 Actividad 13: adaptar una actividad educativa a un alumno con NEE

**Ahora vamos a dar un paso más allá.** Ha llegado el momento de aprender a adaptar una de las actividades propuestas anteriormente para **un alumno con síndrome de Asperger**, utilizando una asistente experta diseñada específicamente para este tipo de necesidades educativas. Sí, querido lector, vamos a ver cómo la inteligencia artificial puede ofrecernos una ayuda aún más personalizada.

**Adaptar la actividad número 12:** «*Soy docente de Primaria y necesito enseñar a mis alumnos de 1.º los cien primeros números dentro de la asignatura de Matemáticas*».

Y ahora le explicaré cómo puede adaptar esta actividad para un alumno con síndrome de Asperger, siguiendo unos sencillos pasos que podrá realizar sin complicaciones:

1. Esta asistente experta ya está integrada dentro del POE, del mismo modo que vimos en la **Actividad 5: cómo usar Expert IA**. Así que, tal como hicimos entonces, puede acceder a la plataforma de POE y, en el buscador, escribir: «*Experta_Alumnado_NEE*».

2. También puede acceder usando cualquiera de esto dos enlaces:

   https://poe.com/Experta_Alumnado_NEE

**Figura 6.9:** Enlace

3. **Sugerencia práctica:** guarde este enlace en la carpeta «**INTELIGENCIAS ARTIFICIALES**» dentro de su barra de marcadores de Google Chrome, concretamente en la subcarpeta «**GENERADORES DE TEXTOS**». De este modo, lo tendrá siempre a mano para futuras adaptaciones.

4. Una vez abierta la página de esta experta, simplemente escriba en el cuadro de diálogo qué quiere adaptar. En este caso, podría escribir algo así:

   *«Soy un profesor de Primaria y necesito pautas o formas de adaptar la siguiente actividad para un alumno con síndrome de Asperger: enseñar a este alumno de 1.º de Primaria los cien primeros números dentro de la asignatura de Matemáticas».*

Y listo. Esta experta en alumnado NEE, gracias a la inteligencia artificial, le ofrecerá recomendaciones, ajustes y estrategias específicas que podrá aplicar en el aula con seguridad y confianza. A continuación, le muestro un resumen de su respuesta, pero más adelante tendrá un enlace para ver la respuesta completa.

## RESPUESTA RESUMIDA DE LA EXPERTA EN ALUMNOS CON NEE

*«Para adaptar la enseñanza de los cien primeros números a alumnado con síndrome de Asperger en 1.º de Primaria, es esencial aplicar un enfoque estructurado, visual e interactivo. Se recomienda dividir la actividad en secciones pequeñas, como bloques de diez números, para facilitar la asimilación. También es útil utilizar temporizadores para mantener la atención, y recursos visuales como organizadores gráficos o tarjetas numéricas para reforzar el aprendizaje. Estas estrategias ayudan a que el contenido sea más accesible y manejable para el estudiante.*

*Además, incorporar elementos tecnológicos y fomentar la interacción social puede potenciar el aprendizaje. Aplicaciones educativas como "Todo Math" o "Endless Numbers" ofrecen una experiencia divertida y motivadora. Actividades en pareja y preguntas guiadas permiten reforzar la comunicación y la comprensión. También es importante reconocer los logros, aunque sean pequeños, ya que el refuerzo positivo aumenta la autoestima y la motivación del alumnado.*

*Por último, la flexibilidad y la observación constante permiten ajustar la enseñanza a las necesidades individuales del alumno. Un ejemplo de implementación puede ser contar hasta 100 con bloques de construcción, marcando el progreso visualmente y realizando juegos de identificación de números. Adaptar las actividades no solo beneficia al alumno con Asperger, sino que también favorece un entorno de aprendizaje inclusivo y enriquecedor para todo el grupo.*

## RESPUESTA COMPLETA DE LA EXPERTA EN ALUMNOS CON NEE

Usando cualquiera de estos dos enlaces, podrá ver la respuesta completa de **Experta_Alumnado_NEE** sobre la adaptación para un alumno con Asperger.

| | |
|---|---|
| ***Prompt:*** *«Soy un profesor de Primaria y necesito pautas…»*<br><br>**https://bit.ly/3I5fAZU** | <br>**Figura 6.10:** Enlace |

**Tabla 6.3:** Respuesta completa de la Experta_Alumnado_NEE para adaptar una actividad a un alumno con Asperger

Al igual que con las actividades anteriores, dispone de un documento y de un vídeo para ver con mayor detalle la realización.

| Documento | | Ver vídeo | |
|---|---|---|---|
| https://bit.ly/3TKxPq6 | Figura 6.11: Enlace | https://bit.ly/3YautPX | Figura 6.12: Enlace |

Tabla 6.4: Información sobre cómo llevar a cabo la actividad con un alumno con síndrome de Asperger

## 6.5 Ideas sobre cómo usar y combinar estas IA en la educación

En este apartado no se trata de realizar un estudio sobre cómo se usan otras inteligencias artificiales, sino que se tratan aquellas que se han visto hasta ahora en este libro. Para recapitular, son las siguientes:

- **Expert IA:** en la actividad 4 se instala **Expert IA** en un dispositivo móvil mediante POE; esta IA basada en GPT-4o-mini actúa como asistente pedagógico personalizado, ofreciendo sugerencias didácticas, generando actividades adaptadas y recomendando recursos según contexto.

- **ChatGPT (de OpenAI):** en la actividad 7 se instala la *app* de ChatGPT; esta IA comprende lenguaje natural para crear explicaciones, resúmenes, actividades y cuestionarios, y funciona como tutor conversacional para estudiantes y docentes.

- **Perplexity AI:** en la actividad 9 se configura Perplexity AI como buscador IA; ofrece respuestas breves y rápidas con referencias bibliográficas o web para apoyar la investigación y la documentación académica.

- **NotebookLM AI (de Google):** en la actividad 10 se instala NotebookLM AI; permite subir documentos para obtener resúmenes automáticos, análisis de texto y generación de ideas, facilitando la creación de fichas de estudio y la preparación de clases.

- **Brisk Teaching:** en la actividad 11 se añade el *plugin* Brisk Teaching en Chrome; esta extensión agiliza la creación de materiales didácticos, ejercicios interactivos y rúbricas de evaluación personalizadas.

- **Experta_Alumnado_NEE:** en la actividad 13 se explica cómo buscar e interacturar con una experta en alumnos con necesidades educativas especiales, que cualquier docente podrá usar para que le ayude con este tipo de alumnos, y dentro de cualquier nivel educativo y asignatura.

Bien, ahora que ya nos hemos familiarizado con los conceptos fundamentales de la inteligencia artificial en el aula, permítame mostrarle unas pautas para aplicarla en cualquier nivel educativo y en cualquier asignatura. Le explicaré paso a paso cómo usar seis herramientas de IA, combinándolas con Google Drive, para preparar, impartir y evaluar clases de forma eficaz. Vamos allá.

### 6.5.1 Antes de la clase: preparación de materiales

**Para cualquier nivel y asignatura**

**1. Investigación y planificación inicial**

A la hora de empezar a preparar una unidad didáctica, no está solo. Estas herramientas pueden ser como esos colegas sabios que siempre tienen una buena idea:

- **Expert IA:** *imagine tener un asesor pedagógico a su disposición las 24 horas. Puede consultarle qué metodologías son más adecuadas según el tema y el nivel, pedirle una estructura sugerida para* *organizar su unidad, preguntarle por tipos de actividades más efectivas y hasta solicitar estrategias de evaluación adaptadas.*

- **Perplexity:** *es su biblioteca digital siempre actualizada. Le servirá para buscar información reciente sobre el tema que va a impartir, encontrar recursos didácticos ya elaborados, recopilar ejemplos reales o verificar datos importantes.*

## 2. Desarrollo de contenidos

Una vez tenemos claro el enfoque, toca construir el contenido. Aquí es donde entra la magia de la IA como redactora y creativa:

- **ChatGPT:** *ideal para crear esquemas, guiones y explicaciones claras de conceptos complejos. También puede generar ejemplos adaptados, analogías ilustrativas y actividades variadas (individuales, grupales, reflexivas...). Incluso puede elaborar preguntas para dinamizar la clase.*

- **NotebookLM:** *suba ahí sus materiales, apuntes o artículos y esta IA le ayudará a crear guías de estudio, glosarios temáticos o responder dudas frecuentes. Es como tener un organizador de contenidos personal.*

## 3. Creación de materiales visuales e interactivos

El aspecto visual también cuenta. No se preocupe si lo suyo no es el diseño:

- **Brisk Teaching:** *esta IA transforma sus documentos en presentaciones visuales, infografías o cuestionarios interactivos. También podrá diseñar plantillas listas para usar con el alumnado.*

## 4. Adaptaciones para necesidades específicas

No olvidamos la diversidad en el aula. Si necesita adaptar contenidos para estudiantes con necesidades educativas específicas:

- **Experta_Alumnado_NEE:** *consúltela para saber qué adaptaciones puede aplicar, cómo ajustar materiales existentes y qué estrategias* *utilizar con distintos perfiles. Además, le orientará sobre dinámicas inclusivas y agrupamientos.*

## 5. Organización y almacenamiento

Y, para que no se le escape nada, centralice su trabajo en la nube:

- **Google Drive:** *cree carpetas organizadas, etiquete documentos y también puede compartilos si trabaja en equipo. Y no olvide hacer copias de seguridad de sus materiales clave.*

## 6.5.2 Durante la clase: aplicación y dinamización

Ahora bien, una vez dentro del aula, estas herramientas seguirán siendo sus aliadas para responder, improvisar o enriquecer la experiencia del alumnado.

## 1. Apoyo para dudas emergentes

- **Expert IA:** *ideal para resolver dudas metodológicas sobre la marcha o encontrar una alternativa si una actividad no funciona como esperaba.*
- **ChatGPT:** *si un estudiante no entiende algo, puede generar ejemplos adicionales, nuevas explicaciones o propuestas de refuerzo al instante.*

## 2. Ampliación de información

- **Perplexity:** *si surge una pregunta inesperada, puede buscar en tiempo real una respuesta actualizada o ampliar el tema según el interés del grupo.*

## 3. Acceso a materiales adaptados

- **Google Drive:** *con todos sus recursos organizados, podrá compartir rápidamente lo que cada estudiante necesite, incluso versiones diferenciadas de una misma actividad.*

## 4. Adaptación en tiempo real

- **Experta_Alumnado_NEE:** *puede consultarle si detecta alguna dificultad específica y le sugerirá ajustes inmediatos para garantizar la participación de todo el alumnado.*

### 6.5.3 Después de la clase: evaluación y mejora

Una buena clase no acaba al sonar el timbre. Después, viene el momento de revisar, evaluar y mejorar.

## 1. Evaluación del aprendizaje

- **ChatGPT:** *diseñe con su ayuda instrumentos de evaluación variados, rúbricas detalladas y preguntas de reflexión. Incluso puede crear evaluaciones personalizadas.*

- **Brisk Teaching:** *genere cuestionarios de autoevaluación o formularios para recoger* feedback *del alumnado.*

## 2. Análisis y mejora de materiales

- **NotebookLM:** *analice los documentos de clase, detecte patrones en las respuestas del alumnado y vea qué conceptos necesitan refuerzo.*

- **Expert_IA:** *pídale sugerencias para mejorar sus sesiones a partir de los resultados obtenidos.*

## 3. Refuerzo y ampliación

- **ChatGPT:** *cree nuevas actividades para reforzar contenidos difíciles o ampliar con retos para los más avanzados. También puede diseñar tareas de recuperación.*

- **Experta_Alumnado_NEE:** *oriéntese sobre ajustes para próximos encuentros y reciba estrategias específicas según las dificultades observadas.*

4. Documentación del proceso

- **Google Drive:** *actualice sus materiales con las mejoras que haya detectado, documente observaciones y organice sus versiones finales para reutilizarlas más adelante.*

Esta propuesta que tiene entre manos no busca ser una receta cerrada, sino más bien un punto de partida flexible y adaptable a cualquier contexto educativo, asignatura o nivel. Cada docente, con su experiencia, estilo y objetivos, podrá ajustar el uso de estas herramientas a su realidad particular. Porque, como siempre decimos, no hay una única manera de enseñar... y la IA viene a sumar, no a imponer.

## 6.6 Preparar una clase para alumnos de la ESO

A partir de este punto, se propone poner en práctica los conocimientos adquiridos hasta ahora mediante la aplicación directa de las herramientas presentadas. Con el fin de aproximar esta experiencia al contexto real del aula, se desarrollará un ejemplo concreto que sirva como referencia práctica para el profesorado. No obstante, debido a las limitaciones de extensión de esta guía, la explicación se centrará únicamente en el proceso de preparación de materiales previos a impartir una clase, sin abordar en detalle todos los pasos descritos en los apartados anteriores.

**Ejemplo de aplicación:** *como profesor de Geografía e Historia en cuarto de la ESO tengo que preparar una clase sobre el modelo político del antiguo régimen durante los siglos XVI, XVII y XVIII.*

Por tanto, todas las actividades que podrá ver a continuación se basan en este ejemplo y utilizan varias de las inteligencias artificiales que hemos ido descubriendo hasta ahora. Recuerde: todo lo que voy a explicarle puede aplicarse a cualquier asignatura y nivel educativo. Solo tendrá que adaptar el ejemplo a su propia situación educativa, ¡y verá qué fácil resulta!

### 6.6.1 Actividad 14: utilización de ChatGPT junto con Expert IA

La idea que le propongo es usar ChatGPT como un asistente para preparar una guía de la lección. Después, utilizaremos **Expert IA** para descubrir qué herramientas de inteligencia artificial nos ayudarán a llevar a la práctica alguna de las propuestas que ha generado ChatGPT.

Mi consejo es que realice esta actividad desde un ordenador de sobremesa: así podrá ver mucho mejor todas las opciones que le ofrecen estas herramientas de IA. ¡Se sorprenderá de lo completas que son!

Como ya le comenté en la actividad número 12, si tiene dificultades para crear buenos *prompts* (las instrucciones que damos a la IA), le recomiendo usar la aplicación que vimos en dicha actividad. Le facilitará muchísimo el trabajo. Para ello, debería:

1. **Abrir el enlace** de la herramienta generadora de *prompts* educativos: https://bit.ly/4jiPArS

Figura 6.13: Enlace

2. **Cubrir los campos** del formulario según el ejemplo que le propuse del profesor de Geografía e Historia de 4° de la ESO.

3. **Presionar el botón 1) Generar** *Prompt* y luego **2) Copiar** *Prompt*.

4. **Acceder a ChatGPT:** para ello, vaya al enlace de ChatGPT que guardó en sus carpetas de marcadores, dentro de la carpeta principal **«GENERADORES DE TEXTO»** y, a continuación, vaya a la carpeta **«MULTIFUNCIONALES»** (recuerde que ya vimos cómo guardar estos accesos en la actividad número 8).

5. **Pegar el** *prompt* copiado en la ventana de ChatGPT. Antes de presionar el botón de enviar **(el de la flecha)**, puede activar las opciones **Buscar** y **Razona** para que la respuesta sea aún más completa. (En la Figura 6.14 podrá ver cada una de las opciones).

6. Después, presione el botón de la flecha (1).

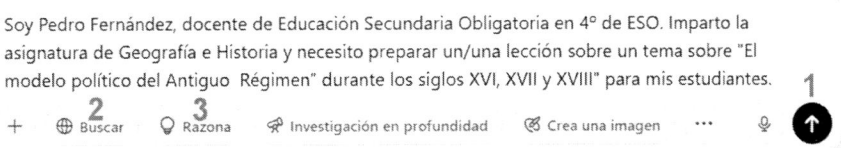

Soy Pedro Fernández, docente de Educación Secundaria Obligatoria en 4° de ESO. Imparto la asignatura de Geografía e Historia y necesito preparar un/una lección sobre un tema sobre "El modelo político del Antiguo Régimen" durante los siglos XVI, XVII y XVIII" para mis estudiantes.

**Figura 6.14:** Ventana con el *prompt* y las opciones de ChatGPT

7. Como la respuesta de ChatGPT será bastante extensa, y este libro tiene limitaciones de espacio, no la puedo incluir a continuación. Puede acceder a ella a través de los enlaces de la Tabla 6.5, pero debe tener en cuenta que su respuesta no tiene por qué ser exactamente igual: ¡ChatGPT genera diferentes respuestas para un mismo *prompt*!

| | |
|---|---|
| **Prompt:** *«Como profesor de Geografía e Historia...»*<br><br>**https://bit.ly/3EGM7Ek** | <br>**Figura 6.15:** Enlace |

Tabla 6.5: Respuesta completa de ChatGPT

Como se puede ver en este documento, la respuesta de ChatGPT está dividida en estos apartados:

**Un resumen de la lección**

1. **Contexto histórico**

2. **Características políticas**

3. **Estructura social y fiscal**

4. **Despotismo ilustrado**

5. **El fin del antiguo régimen**

6. **Propuesta de actividades para clase**

Ahora, siguiendo con nuestro ejemplo, el profesor de Geografía e Historia deberá realizar una serie de acciones muy sencillas —pero clave— para llevar su clase a otro nivel. Vamos paso a paso:

1. **Comprobar que todo lo que ha escrito ChatGPT es correcto.** Recuerde que, aunque la IA es muy potente, puede cometer errores o interpretaciones no del todo precisas. Si detecta algún fallo, corríjalo sin dudarlo. ¡Usted es quien tiene el criterio final!

2. **Reflexionar sobre cómo presentar esta lección a los alumnos,** de forma que resulte motivadora, interesante y, por qué no, también divertida.
   Aquí le propongo algunas ideas basadas en los apartados que vimos anteriormente:

   ◦ **Resumen de la lección:** podría crear un **vídeo** donde un personaje histórico, como Felipe V, sea quien narre el contenido del resumen. ¡Imagínese a los alumnos escuchando la historia directamente de boca del mismísimo rey! Será mucho más atractivo que una explicación tradicional.

   ◦ **Apartados 2 al 5 incluidos:** puede pedirle de nuevo a ChatGPT que **mejore y enriquezca** esos apartados, enfocándolos aún más en captar la atención de los estudiantes. Un pequeño ajuste en el estilo puede marcar una gran diferencia en el interés que despierta la historia.

   ◦ **Propuesta de actividades para la clase:** aquí entra en escena otra de herramientas que hemos visto, **Perplexity AI**. Puede utilizarla para preguntarle cómo llevaría a la práctica cada una de estas actividades usando diferentes herramientas de IA. Para ello, le recomiendo este *prompt*:

     *«Tengo que preparar una clase sobre "El modelo político del antiguo régimen" y tengo en mente las siguientes actividades. Me gustaría que las analices y me digas de qué forma las pondrías en práctica en clase, y qué herramientas de inteligencia artificial utilizarías, teniendo en cuenta que son alumnos de 4º de la Educación Secundaria Obligatoria. Aquí tienes las actividades:*

*(las que aparecen en el documento de los enlaces de la Tabla 6.5)».*

Y, por supuesto, se podrían imaginar muchas más ideas para presentar los contenidos de forma creativa. Pero, querido lector, en esta ocasión, quiero dejar volar su imaginación. ¡Seguro que le surgen propuestas aún más originales!

Ahora bien, centrémonos en **desarrollar la primera idea**: crear un vídeo resumen de la lección, narrado por Felipe V. ¿Cómo podemos hacerlo de forma sencilla? Le propongo un camino:

1. **Acceder al asistente Expert IA** para plantear dos *prompts* muy específicos:

    1. **Primero, pedirle que redacte el resumen de la lección en primera persona, como si fuera el propio Felipe V quien lo contara.** Solo hay que redactar lo que le muestro a continuación: *«Reescribe el siguiente párrafo poniéndolo en primera persona, como si fuera narrado por el personaje histórico Felipe V. Además, adapta la redacción para que resulte atractiva e interesante para mis alumnos de cuarto de la ESO. Aquí tienes el párrafo: (se pega aquí)».*

        **Respuesta resumida:** *«¡Saludos, jóvenes estudiantes! Soy Felipe V, rey de España ...».*

        Más adelante, dispondrá de los enlaces a un documento para ver la respuesta completa a este y al siguiente *prompt*.

    2. **Segundo, preguntarle qué herramienta de inteligencia artificial podría usar** para hacer que este personaje histórico pueda hablar: *«¿Cuál es la herramienta de inteligencia artificial más adecuada para crear un vídeo a partir de una fotografía de una persona en primer plano? ¿Podrías proporcionarme el enlace?».*

Respuesta resumida: «*La herramienta de inteligencia artificial más adecuada para crear un vídeo a partir de una fotografía de una persona en primer plano es Hedra AI*».

A continuación, tiene los enlaces al documento con las dos respuesta completas de **Expert IA** a los dos *prompts* anteriores.

| | |
|---|---|
| **Prompts:** «*Reescribe el siguiente párrafo...*»<br>«*¿Cuál es la herramienta de inteligencia...*»<br>**https://bit.ly/4jnxEw4** | <br>**Figura 6.16:** Enlace |

**Tabla 6.6:** Enlaces al documento

Para seguir avanzando, le recomiendo organizar su material de la siguiente forma:

1. Cree una carpeta en **Google Drive** llamada «**Geografía e Historia 4º de ESO**» dentro de la carpeta principal «**Inteligencia artificial**» (recuerde, la que creamos en la Actividad número 3).

2. Dentro de esta nueva carpeta, cree otra subcarpeta con el nombre «**Lección sobre El modelo político del antiguo régimen**».

3. A continuación, cree un **Documento de Google**, como ya hemos practicado en actividades anteriores, y pegue allí la respuesta generada por la herramienta de IA. Puede titular este documento: «**Documentación para crear un vídeo con Felipe V**».

¡Y listo! Con estos pasos ya tendrá preparada toda la documentación necesaria que, en el siguiente capítulo, utilizaremos para dar vida a este personaje histórico.

### 6.6.2 Actividad 15: utilización de Perplexity AI y Brisk Teaching

Ahora le propongo una nueva idea que le permitirá optimizar aún más su trabajo, combinando de forma estratégica las inteligencias artificiales que hemos visto hasta ahora.

Existe una manera muy práctica de utilizar **Perplexity**: puede aprovecharlo para mejorar y ampliar el resumen que elaboró anteriormente con **ChatGPT**, con el objetivo de crear un documento que sus alumnos deberán estudiar. Una vez tenga ese material, el siguiente paso será muy sencillo: podrá usar **Brisk Teaching** para diseñar un cuestionario online basado en ese documento.

Esta dinámica le ofrece varias ventajas:

- Podrá enviar el cuestionario a sus alumnos para que lo completen en línea, respetando en todo momento la privacidad de sus datos personales.

- **Brisk Teaching** corregirá automáticamente las respuestas de opción múltiple y generará un **libro de calificaciones** donde podrá consultar las notas obtenidas.

- De esta manera, tendrá una **nota parcial** que podrá combinar posteriormente con otras actividades o ejercicios de la misma lección.

Permítame recordarle algo muy importante: **la IA nunca debe asignar una nota final de un trabajo**. Solo podrá ayudarle proporcionando calificaciones parciales en cuestionarios cerrados. Para actividades que requieran respuestas escritas, el juicio pedagógico del docente seguirá siendo imprescindible.

Empecemos esta nueva actividad con **Perplexity AI**. Recuerde que los accesos directos a todas las herramientas de inteligencia artificial deben estar organizados en la carpeta de marcadores de su navegador web, tal y como vimos en capítulos anteriores.

1. Copie el resumen de la lección que ha redactado previamente con **ChatGPT**.

2. Abra **Perplexity AI** y, en la parte inferior de la pantalla, seleccione el botón **Investigación**.

3. A continuación, escriba el siguiente *prompt* (o mensaje) en el cuadro de texto:

MARCOMBO

*«Analiza el siguiente párrafo que te voy a proporcionar, el cual trata sobre el modelo político del antiguo régimen durante los siglos XVI, XVII y XVIII. Este contenido forma parte de una lección destinada a mis alumnos de 4° de la ESO. Te pido que realices una investigación sobre este tema para preparar una lección adecuada para ellos, utilizando como base el siguiente párrafo: (Aquí deberá pegar el resumen elaborado anteriormente con ChatGPT)».*

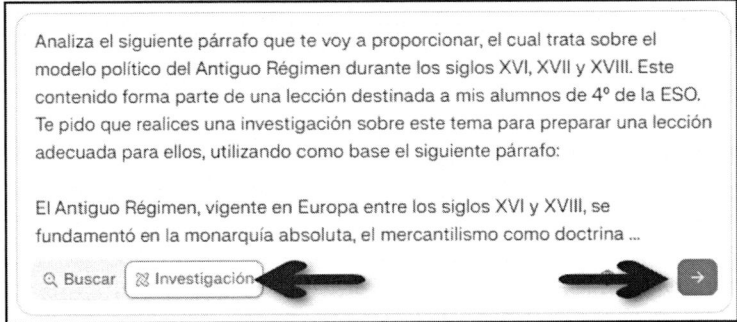

Figura 6.17: *Prompt* para Perplexity AI

4. Una vez que haya escrito el *prompt*, presione el botón de la flecha hacia la derecha; Perplexity tardará unos minutos en generar su respuesta.

5. Cuando haya terminado, copie el mensaje y guárdelo dentro de un documento de Google Drive con el nombre «**Documento sobre El modelo político del antiguo régimen**», y dentro de la carpeta que había creado en la actividad anterior.

Este documento que acabo de crear, y gracias a la investigación con Perplexity, es muy extenso. Por tanto, para poder verlo, aquí tiene los enlaces:

**Prompts:** *«Analiza el siguiente párrafo que...»*

**https://bit.ly/4ju2of9**

Figura 6.18: Enlace

Tabla 6.7: Enlaces al documento

Permítame recordarle algo fundamental: aunque utilice exactamente el mismo *prompt* que le he mostrado, la respuesta que obtendrá de **Perplexity** puede ser diferente. Esto sucede porque las inteligencias artificiales no replican respuestas de forma exacta, sino que cada vez elaboran un resultado único en función de múltiples variables. **¡Así que cada investigación será siempre un poco distinta aunque se utilice el mismo *prompt*!**

Todo lo que hemos trabajado hasta ahora, aunque pueda parecer un proceso algo extenso, le ahorrará muchísimo tiempo en el futuro. Y ahora verá por qué. Gracias al *plugin* de **Brisk Teaching** instalado en **Google Chrome**, podrá crear de forma rápida diversos tipos de materiales (presentaciones, exámenes, cuestionarios interactivos, etc.) utilizando toda la documentación que ya ha organizado en su **Google Drive**.

Así que, acompáñeme paso a paso para aprender cómo generar un **cuestionario interactivo** con corrección automática, basado en la lección de historia que hemos preparado, usando **Brisk Teaching**:

1. Abra el documento que creó en el apartado anterior, titulado «**Documento sobre El modelo político del antiguo régimen**», dentro de la estructura de carpetas de su **Google Drive**.

2. Una vez abierto el documento, si tiene instalado el *plugin* de **Brisk Teaching** (como vimos en la Actividad número 11), debería ver el icono de esta herramienta en la ventana del documento, tal como se muestra en la **Figura 6.19**:

**Documento sobre El modelo político del Antiguo Régimen**

**El Antiguo Régimen: Fundamentos Políticos, Sociales y Económicos de la Europa Moderna (Siglos XVI-XVIII)**

El Antiguo Régimen constituyó el sistema político, social y económico predominante en Europa desde el siglo XVI hasta finales del XVIII, caracterizado por la concentración del

**Figura 6.19:** Icono de Brisk Teaching en la ventana del documento

En caso de que el icono no aparezca, deberá activarlo manualmente a través del menú de **Extensiones** de su navegador, tal como le expliqué en el vídeo de la Actividad número 11.

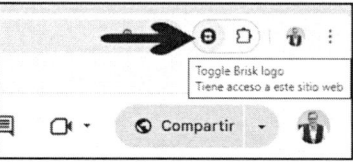

Figura 6.20: Icono de Brisk Teaching

3. Haga clic sobre el icono de **Brisk Teaching**. Se abrirá una ventana desde donde podrá configurar el tipo de tarea que desea crear a partir del documento. En este caso, deberá pulsar sobre el botón **Create** o **Crear** (recuadro 1 de la **Figura 6.21**).

4. En la siguiente pantalla, seleccione la opción **Quiz** o **Cuestionario** (recuadro 2 de la **Figura 6.21**).

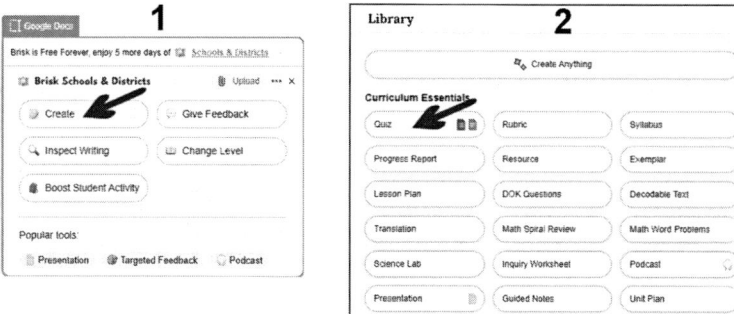

Figura 6.21: Ventanas de Brisk Teaching

5. A continuación, configure las siguientes opciones en la ventana de creación del cuestionario, tal como se muestra en la **Figura 6.22**:

Figura 6.22: Opciones de la ventana del cuestionario

Las opciones de esta ventana son las que se indican a través de los siguientes números:

1. **Lo que se va a crear:** seleccione **Cuestionario**.

2. **Selección del idioma:** escoja **Spanish**.

3. *Prompt*: en el cuadro correspondiente, escriba el siguiente *prompt*: *«Crear un cuestionario de diez preguntas con cuatro opciones de respuesta por pregunta basado en este documento».*

4. **Selección del nivel educativo:** seleccione **10th Grade** (equivalente a 4º de ESO).

5. **Tipo de respuestas:** para que el cuestionario sea corregido automáticamente, seleccione **Multiple Choice** o **Elección Múltiple**.

6. **Número de preguntas:** aunque lo hemos especificado en el *prompt*, aquí debe volver a indicar que serán **10 preguntas**.

6 Una vez configuradas todas estas opciones, simplemente presione el botón **Next** o **Siguiente** para que **Brisk Teaching** genere su cuestionario.

Para continuar, tengo explicarle algunos detalles importantes.

1. **Añadir una pregunta de identificación**

Una vez creado el cuestionario, es recomendable añadir justo debajo del título una pregunta de respuesta corta. De esta manera, pediremos al alumno que escriba su **nombre junto con la inicial de su primer apellido**, asegurando así la confidencialidad de sus datos personales.

Para ello:

1. Presione el botón **+** para añadir una nueva pregunta y seleccione el tipo **Respuesta corta**.

2. Indique en el campo de texto que el alumno debe introducir su nombre seguido de la inicial de su primer apellido, tal como puede observar en la **Figura 6.23**:

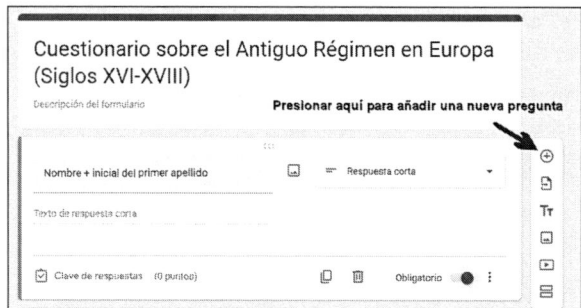

Figura 6.23: Añadir nueva pregunta corta al comienzo del formulario

3. Recuerde activar la opción **Obligatorio** en esta pregunta (ubicada en la parte inferior derecha de la ventana) para que el alumno no pueda enviar el cuestionario sin completarla.

2. **Crear la hoja de cálculo de las calificaciones**

   Aquí es donde se registrarán automáticamente las respuestas y calificaciones de sus alumnos. Para ello:

   1. Pulse sobre la pestaña **Respuestas** en la parte superior del cuestionario.

   2. En la nueva ventana, haga clic en **Vincular con Hojas de Cálculo**. Deje seleccionada la opción que aparece por defecto y presione el botón **Crear**.

   3. Se abrirá automáticamente una nueva pestaña en su navegador que contiene la hoja de cálculo con todos los campos del cuestionario. Es importante verificar que el segundo campo sea **Puntuación** y el tercero **Nombre + inicial del primer apellido**, asegurando así un correcto registro de los datos.

3. **Copiar el enlace del cuestionario**

   Ahora que su cuestionario está listo, es momento de copiar el enlace para poder compartirlo con sus alumnos, ya sea **a través de Moodle** o mediante un **código QR** impreso en papel. Para hacerlo:

1. Regrese a la pestaña donde creó el cuestionario (la encontrará a la izquierda de la ventana de la hoja de cálculo), como puede ver en el número 1 de la **Figura 6.24**.

2. Presione el icono **Copiar enlace de...** (número 2 de la **Figura 6.24**).

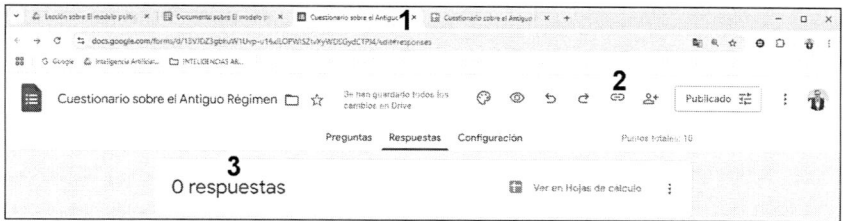

Figura 6.24: Ventana desde donde se copia el enlace del cuestionario para compartir

3. A continuación, se abrirá una nueva ventana (**Figura 6.25**) donde deberá:

Figura 6.25: Ventana para copiar el enlace

1. Marcar la casilla **Acortar URL** para facilitar su uso.

2. Pulsar el botón **Copiar** para guardar el enlace del cuestionario en su portapapeles.

Ahora que ya tiene su cuestionario preparado, le recomiendo realizar una tarea adicional muy práctica: **guardar los enlaces importantes en la carpeta de sus marcadores del navegador**. Esto le permitirá acceder rápidamente a sus recursos cuando los necesite. Para ello, siga estos pasos:

1. Cree una carpeta en la barra de marcadores de **Google Chrome** con el nombre: «**Geografía e Historia de 4º de ESO**».

2. Guarde dentro de esa carpeta el enlace del formulario que acaba de copiar. Aquí le dejo un ejemplo del enlace generado: https://forms.gle/NNapJHk9yN1dWMbP7

3. Una vez guardado el enlace, cambie su nombre para poder identificarlo fácilmente dentro de la carpeta, como puede ver en la **Figura 6.26.**

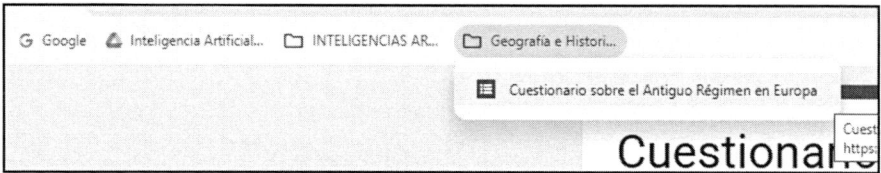

**Figura 6.26:** Guardar el enlace al cuestionario en los marcadores

4. Además, es conveniente guardar también el enlace a la página principal del formulario, desde donde añadió la pregunta de identificación. Desde esa página podrá acceder cómodamente a la hoja de cálculo de las calificaciones (recuerde que deberá ir a **Respuestas** y, luego, seleccionar **Ver en Hoja de cálculo**).

Antes de dar por finalizado todo el proceso, **es muy recomendable comprobar que el cuestionario funciona correctamente**. Para ello:

1. Abra una ventana de **navegación de incógnito** en su navegador. Así podrá verificar que no es necesario registrarse para completar el cuestionario.

2. Pegue el enlace del cuestionario que copió en el paso anterior.

3. Rellene el formulario escribiendo un nombre y la inicial de un primer apellido.

4. Seleccione las respuestas que considere correctas en cada pregunta.

5. Una vez finalizado, presione el botón **Enviar**.

6. Se abrirá una nueva ventana. Si pulsa el botón **Ver puntuación**, podrá comprobar tanto la calificación obtenida como cuáles han sido las respuestas correctas e incorrectas.

Por último, regrese a la hoja de cálculo de las calificaciones para comprobar que el cuestionario ha registrado correctamente esta primera prueba de respuesta, tal y como se muestra en la **Figura 6.27**.

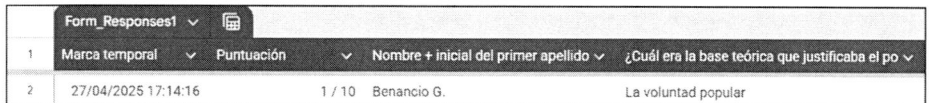

| | | | | |
|---|---|---|---|---|
| | Form_Responses1 ⌄ | | | |
| 1 | Marca temporal ⌄ | Puntuación ⌄ | Nombre + inicial del primer apellido ⌄ | ¿Cuál era la base teórica que justificaba el po ⌄ |
| 2 | 27/04/2025 17:14:16 | 1 / 10 | Benancio G. | La voluntad popular |

**Figura 6.27:** Resultado guardado en la hoja de cálculo a las respuestas de una primera persona

### 6.6.3 Actividad 16: utilización de NotebookLM

Esta herramienta, como ya le había adelantado en la **Actividad número 10**, le permitirá **crear diferentes tipos de contenidos** para sus alumnos a partir de la documentación que usted mismo le proporcione. Entre las posibilidades que ofrece, se encuentran la elaboración de **guías de estudio, glosarios, mapas mentales,** entre otros recursos muy útiles.

Es importante recordar que **NotebookLM no realiza búsquedas en Internet**. Precisamente por eso estamos utilizándola en este momento, una vez que ya hemos generado y organizado varios documentos propios que le vamos a suministrar para su análisis y procesamiento.

Siguiendo con el ejemplo del profesor de **Geografía e Historia**, la documentación que tenemos almacenada en **Google Drive** debe encontrarse organizada en la siguiente estructura de carpetas:

- Inteligencia artificial
  - Geografía e Historia de 4º de ESO
    - Lección sobre El modelo político del antiguo régimen

| Herramienta | Actividad | Nombre |
|---|---|---|
| Expert IA | 14 | Documentación para crear un vídeo con Felipe V |
| Perplexity | 15 | Documento sobre El modelo político del antiguo régimen |

**Tabla 6.8:** Relación de documentos en Google Drive para usar con NotebookLM

**Para usar esta documentación con NotebookLM:**

1. Acceda a la herramienta a través del siguiente enlace: https://notebooklm.google o localícelo en su carpeta de marcadores, tal y como se indicó en la Actividad 10.

2. Una vez abierta la página, inicie sesión con la cuenta de Gmail previamente creada para este propósito, del mismo modo que en las herramientas anteriores.

3. Haga clic en el botón **+ Crear cuaderno**, ubicado en la parte inferior de la ventana principal. Este cuaderno funcionará como un espacio de trabajo en el que podrá subir y organizar sus documentos fuente (como archivos PDF, textos o enlaces), que serán analizados por la inteligencia artificial para ofrecer respuestas contextualizadas. En otras palabras, es su biblioteca personal de consulta dentro de NotebookLM.

4. Tras crear el cuaderno, se abrirá una nueva ventana con diferentes formas de añadir contenido (ver Figura 6.28). A continuación, se describen brevemente cada una de estas opciones:

**Figura 6.28:** Ventana de NotebookLM con las opciones para cargar la información

**Las opciones que aparecen en esta ventana:**

1. **Subir fuentes:** *esta funcionalidad permite al usuario incorporar archivos directamente desde su ordenador o dispositivo. Se*

*pueden arrastrar y soltar en el área habilitada, o bien seleccionarlos manualmente mediante el explorador de archivos. Es especialmente útil para añadir documentos en formatos como PDF, texto plano (.txt), Markdown (.md) o incluso archivos de audio (como MP3) que contengan información relevante para el cuaderno de trabajo.*

2. **Google Drive:** *esta opción facilita la integración de documentos almacenados en la cuenta de Google Drive del usuario. Permite importar, de forma directa, documentos y presentaciones de Google, lo que agiliza la incorporación de contenidos previamente elaborados, sin necesidad de descargarlos ni subirlos nuevamente.*

3. **Enlace:** *a través de esta opción, el usuario puede añadir contenido desde Internet utilizando direcciones URL. Incluye botones específicos para insertar información desde páginas web o vídeos de YouTube. Una vez introducido el enlace, NotebookLM procesa el contenido del sitio o la transcripción del vídeo, incorporándolo como fuente de consulta en el cuaderno.*

4. **Pegar texto:** *esta herramienta permite añadir información mediante la acción de copiar y pegar texto directamente desde el portapapeles. Resulta especialmente útil para incluir rápidamente fragmentos de información, anotaciones o contenidos textuales sin necesidad de guardarlos previamente como archivo o localizarlos en línea.*

5. **Descubrir fuentes:** *este botón tiene como finalidad ayudar al usuario a encontrar nuevas fuentes de información relevantes para el desarrollo del cuaderno. Aunque el funcionamiento exacto no se detalla, su propósito es facilitar la localización de contenidos adicionales que contribuyan a enriquecer el trabajo académico o profesional.*

6. **Límite de fuentes:** *esta barra informativa muestra el número de fuentes añadidas al cuaderno y el límite máximo permitido. Por ejemplo, una indicación «0/50» señala que aún no se ha incorporado ninguna fuente y que el límite total es de 50. Esta función permite al usuario controlar cuántos documentos puede añadir sin superar la capacidad establecida.*

5. Para continuar con la actividad, haga clic en la opción **Documentos de Google** (parte inferior derecha, opción 2, de la Figura 6.28). Seleccione los dos documentos que ha creado anteriormente, los indicados en la Tabla 6.8. Recuerde que debe subirlos uno por uno. Para cada documento, selecciónelo y pulse el botón **Insertar**.

6. Una vez subidos los documentos, la ventana principal de NotebookLM debería mostrar un entorno similar al que aparece en la Figura 6.29. En ella se visualizan los documentos cargados y todas las herramientas disponibles para la creación de materiales educativos. **Le vuelvo a recordar que NotebookLM no realiza búsquedas en Internet**: toda la información que utiliza proviene exclusivamente de las fuentes que usted ha incorporado previamente al cuaderno.

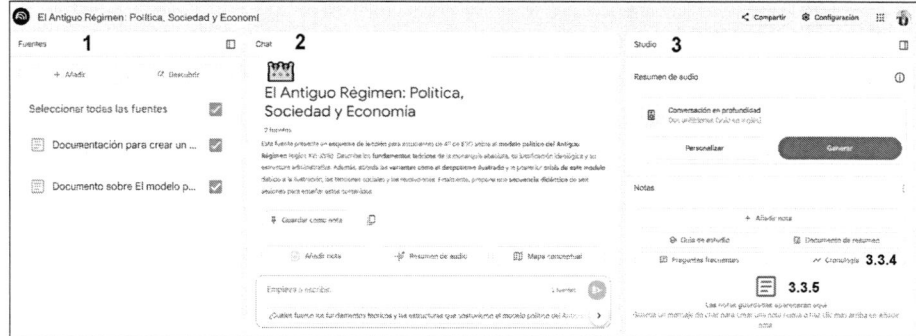

Figura 6.29: Las opciones de la ventana del cuaderno de NotebookLM

### Opciones de la ventana de un cuaderno de NotebookLM

1. **Panel izquierdo. Fuentes:** *en este panel se gestionan todas las fuentes de información añadidas al cuaderno: documentos, enlaces o fragmentos de texto. Cada fuente aparece listada por*

su nombre (por ejemplo, «Esquema de la lección» o «Guía Didáctica»), y se pueden seleccionar individualmente o en conjunto para centrar las respuestas de la IA en contenidos específicos. Desde aquí también podrá añadir nuevas fuentes mediante el botón **+ Añadir**, o utilizar la opción **Descubrir** para explorar material adicional relacionado con el tema de trabajo.

2. **Panel central. Chat:** este espacio constituye el núcleo de interacción con la inteligencia artificial. Aquí se muestra una introducción o resumen elaborado a partir de las fuentes seleccionadas, como en el ejemplo sobre «**El antiguo régimen: política, sociedad y economía**». Justo debajo, encontrará un cuadro de texto en el que podrá escribir preguntas relacionadas con las fuentes cargadas. Puede solicitar resúmenes, explicaciones, ejemplos, ideas o incluso plantear actividades. La IA responderá únicamente en base a la información disponible en el cuaderno, lo que garantiza la relevancia y coherencia de las respuestas. Además, podrá guardar las respuestas como notas, generar mapas conceptuales o crear versiones en audio.

3. *Panel derecho. Studio:* este panel funciona como un espacio de trabajo organizado, donde se recogen y elaboran los contenidos generados a partir de las fuentes. Ofrece herramientas para transformar la información en distintos formatos educativos: resúmenes en audio, guías de estudio, documentos explicativos, preguntas frecuentes, cronologías, entre otros. También es el lugar donde se almacenan y organizan las notas que haya guardado desde el chat o que cree manualmente, lo que facilita el acceso rápido y estructurado a la información más relevante para sus lecciones.

Puede ver un informe mucho más completo de todas la opciones que ofrece NotebookLM a través de estos enlaces:

https://bit.ly/3GlgkcC

Figura 6.30: Enlace

En el documento de los enlaces anteriores se presentan varios ejemplos prácticos para ampliar los contenidos de la lección de historia dirigida al alumnado de 4.º de ESO usando NotebookLM. Una de las funcionalidades destacadas de esta IA consiste en la posibilidad de generar una cronología a partir de las fuentes que previamente se han cargado en el cuaderno de trabajo.

- Para ello, únicamente será necesario pulsar sobre el botón **Cronología**, ubicado en la parte derecha de la interfaz (numeración 3.3.4 en la Figura 6.29). De forma automática, la herramienta generará una nota titulada —en este caso— «**Antiguo régimen: cronología y protagonistas**», que quedará guardada en la sección de notas del panel derecho (zona 3.3.5 de la misma figura).

- A continuación, debemos **abrir este documento y seleccionar todo el texto para copiarlo.** Posteriormente, debemos pegar esta selección dentro de un nuevo documento de Google, conservando el mismo título, y guardarlo en la carpeta previamente utilizada para almacenar los documentos de la lección (véase Figura 6.31).

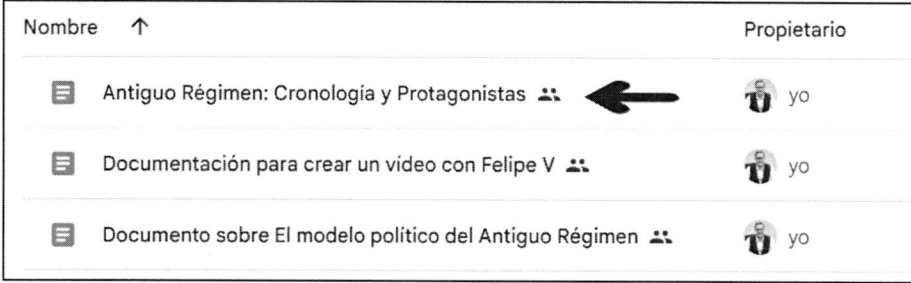

Figura 6.31: Tres documentos en Google Drive para crear materiales para la lección de historia

Toda esta documentación que hemos preparado la utilizaremos en el siguiente capítulo para **crear contenidos audiovisuales**. Sin embargo, antes de continuar, me gustaría dejarle el enlace a la **carpeta de Google Drive** donde podrá ver tanto la **estructura de carpetas** creada hasta ahora como **todos los documentos** que hemos ido generando y organizando en su interior.

Puede acceder a esta carpeta a través de cualquiera de los siguientes enlaces:

https://bit.ly/42vdM4g

Figura 6.32: Enlace

## 6.7 Otras inteligencias artificiales para generar documentación

Todo lo que le he mostrado hasta ahora representa solo **una pequeña parte** de las herramientas de inteligencia artificial disponibles actualmente (junio de 2025) para su aplicación en el ámbito educativo.

Eso sí, querido lector, permítame recalcar que me he centrado en enseñarle aquellas que **realmente se utilizan hoy en día en los entornos educativos**, como **ChatGPT**, **Brisk Teaching**, **NotebookLM** y **Expert IA**.

Existen otras herramientas verdaderamente sorprendentes, como **Gemini AI** que, a través de diferentes páginas web, ofrece funciones mucho más avanzadas. Sin embargo, debido a limitaciones de espacio en este libro, he tenido que dejar fuera su análisis detallado.

Es muy posible que, en estos momentos, muchos docentes ya estén utilizando no solo **ChatGPT**, sino también otros modelos como **Gemini AI**, **Claude**, **DeepSeek**, **Qwen AI**, **Grok** o **Llama**, entre otros.

Todas estas inteligencias artificiales que menciono tienen en común su capacidad para **generar documentación**, aunque algunas son aún más versátiles, permitiendo también la creación de **imágenes**, **música**, **voces**, **páginas web**, **vídeos** y **materiales interactivos**.

Además, le dejo a continuación **dos enlaces** a un documento donde podrá consultar una **comparativa actualizada de las mejores inteligencias artificiales** disponibles en el mes de **junio de 2025.**

**Figura 6.33:** Enlace

https://bit.ly/3RBMq6k

# CAPÍTULO 7 – CREACIÓN DE MATERIALES AUDIOVISUALES E INTERACTIVOS

¡Bienvenido a una nueva etapa en nuestra exploración de la inteligencia artificial aplicada a la educación! Si en el capítulo anterior sentamos las bases para elaborar documentación educativa sólida combinando distintas herramientas de IA, ahora daremos un salto cualitativo hacia la creación de contenidos que no solo informan, sino que también cautivan, interactúan y dan vida a sus lecciones.

Ha llegado el momento de trascender el texto y sumergirnos en el fascinante mundo de los **materiales audiovisuales e interactivos generados con inteligencia artificial**. ¿Se imagina poder crear imágenes impactantes y personalizadas para ilustrar conceptos complejos, sin necesidad de ser un experto en diseño gráfico? ¿O qué tal dar voz a personajes históricos para que ellos mismos presenten una lección, creando vídeos introductorios que capturen la atención de su alumnado desde el primer segundo?

En este capítulo, le guiaré paso a paso para que descubra cómo:

- **Generar imágenes de todo tipo:** desde ilustraciones didácticas y esquemas visuales hasta fotografías realistas que enriquezcan sus presentaciones y documentos.
- **Trabajar con voces sintéticas:** aprenderá a utilizar herramientas que crean narraciones fluidas para sus vídeos o audios educativos, e incluso exploraremos las posibilidades de la clonación de voz (siempre desde una perspectiva ética y responsable).
- **Crear pequeños vídeos:** descubrirá cómo producir fácilmente vídeos cortos y dinámicos para introducir temas, explicar procedimientos o resumir puntos clave de sus lecciones.
- **Dar vida a personajes históricos (¡y otros!):** le mostraré cómo usar la IA para animar imágenes y hacer que figuras relevantes, como el

ejemplo de Felipe V que preparamos en el capítulo anterior, narren contenidos de forma atractiva.

- **Diseñar contenido interactivo:** exploraremos herramientas que le permitirán construir pequeñas páginas web o recursos interactivos donde sus alumnos puedan explorar información, responder preguntas o participar de forma más activa en su aprendizaje.

Sé que adentrarse en la creación multimedia puede parecer un desafío, pero le aseguro que las herramientas de IA actuales han simplificado enormemente estos procesos. Mi objetivo es que, al finalizar este capítulo, se sienta capacitado y motivado para experimentar con estos formatos, añadiendo una nueva dimensión a su práctica docente y ofreciendo a sus estudiantes experiencias de aprendizaje más ricas, visuales y participativas.

Así que prepare sus ideas y ¡demos juntos el siguiente paso para convertir sus contenidos educativos en creaciones audiovisuales e interactivas memorables!

## 7.1 Generación de imágenes con inteligencia artificial

Existen hoy en día multitud de herramientas de IA que pueden generar todo tipo de imágenes; las diferencias que existen entre ellas, además de la calidad, son la cantidad de estilos que se pueden seleccionar, así como otras características. Puede usar ChatGPT para generar una imagen, pero no está tan especializado como Stable Diffusion o Dalle-E 2. A continuación le presento algunas de ellas, incluidas las que vamos a usar en este capítulo:

- **Stable Diffusion:** es un modelo de IA de código abierto que genera imágenes fotorrealistas desde texto. Ofrece créditos gratuitos en línea. El docente puede usarlo sin saber programación, por ejemplo para crear fondos o personajes en lecciones.

  **Ejemplo:** generar una imagen de un volcán activo en estilo cómic para explicar geografía. Stable Diffusion permite afinar estilo y resolución en DreamStudio.

- **Leonardo AI:** permite crear imágenes y personajes mediante *prompts*. Dispone de muchos estilos y opciones para crear todo tipo de imágenes.

- **Ejemplo:** generar la imagen de un grupo grupo de alumnos adolescentes leyendo en una biblioteca escolar.

- **Ideogram:** es una plataforma que no tiene tantas opciones para generar imágenes como Leonardo AI, pero tiene la gran ventaja de poder generar un texto dentro de la propia imagen, algo que otros generadores de imagen no pueden hacer.

  **Ejemplo:** crear un cartel navideño con un buen *prompt* y con un texto referido a estas fiestas.

- **Krea AI:** no solo generá imágenes, sino que también puede hacer muchas cosas más; por ejemplo, convertir un dibujo, previamente coloreado, en una persona muy realista.

  **Ejemplo:** hacer que una pintura de Felipe V parezca una fotografía, a la que después se dar **vida** con otra herramienta de IA.

- **Bing Image Creator:** herramienta de Microsoft impulsada por DALL-E que convierte palabras en imágenes. Gratuito con cuenta Microsoft. Útil para ilustrar lecciones, ya que permite crear fondos, diagramas u obras de arte pedagógicas.

  **Ejemplo:** en clase de literatura, generar una escena imaginaria descrita por un alumno para luego comentarla en grupo.

Podrá acceder a cualquiera de estas herramientas a través de esta página web que he creado y usando estos enlaces.

https://bit.ly/4d9cj7f

Figura 7.1: Enlace

Por último, para tener toda la información que vamos a generar en este capítulo organizada y que la pueda encontrar rápidamente, le recomiendo crear una carpeta llamada «**Temporal**», que se podrá borrar una vez que toda la información útil se suba a Google Drive.

## 7.2 Actividad 17: crear una imagen realista de un personaje histórico

En la **Actividad número 14** del capítulo anterior, titulada *Utilización de ChatGPT junto con Expert IA*, se planteó la posibilidad de **crear un vídeo en el que el personaje histórico Felipe V narrara un resumen de la lección**. Para poder realizar este vídeo, el primer paso será obtener una **imagen lo más realista posible de dicho personaje**, que después podrá ser **animada para que hable**.

Ahora bien, para evitar posibles problemas relacionados con los **derechos de autor**, no se recomienda utilizar retratos de Felipe V encontrados directamente en Internet. En su lugar, vamos a generar una imagen **realista y personalizada** a partir de una descripción visual. Le explico el proceso paso a paso:

1. Busque en Internet un retrato en **color** de Felipe V (después deberá borrar esta imagen). Una vez lo encuentre, **descargue la imagen** en su ordenador, dentro de la carpeta «**Temporal**». A modo de ejemplo, utilizaré la imagen que aparece en la **Figura 7.2**.

Figura 7.2: Retrato de Felipe V

2. Abra **ChatGPT** y **suba la imagen** descargada.

3. A continuación, escriba el siguiente *prompt* (sin activar la opción **Razonar**):

   *«Analiza esta imagen en detalle de forma que puedas describir todo lo que ves en ella, desde el rostro del personaje hasta cómo va vestido. Hazlo en solo dos párrafos».*

4. Una vez que ChatGPT le proporcione la descripción, utilice de nuevo esta herramienta para generar una imagen.

5. Deberá modificar la descripción de ChatGPT indicando que el personaje mira de frente, y no de lado, ya que si no lo hace así la animación en vídeo no se podrá hacer correctamente. El *prompt*: *«Debes crear una imagen con un estilo lo más realista posible en base a la descripción que te voy a dar a continuación: (pegar aquí la descripción anterior de ChatGPT indicando que tiene que mirar de frente)».*

6. Cuando se genere la imagen, **descárguela en su ordenador** con el nombre: «**01 Imagen no real de Felipe V**».

**Importante:** ahora que ya ha generado una imagen completamente diferente y personalizada de Felipe V, **le recomiendo eliminar la imagen original descargada de Internet** y **no utilizarla** en sus materiales, para así evitar posibles problemas relacionados con los derechos de autor. En la Figura 7.3, puede ver, a la izquierda, la imagen de Felipe V descargada y, a su derecha, la que puede haber creado con ChatGPT.

Figura 7.3: Imágenes de Felipe V

7. Para continuar, **abra la página de Krea AI** a través de estos enlaces: https://www.krea.ai/enhancer

Figura 7.4: Enlace

8. Es importante crear una carpeta dentro de los marcadores y en « **INTELIGENCIAS ARTIFICIALES**» con el nombre « **GENERADORES DE IMÁGENES**» donde guardar el enlace de **Krea AI.**

9. Una vez allí, le recomiendo registrarse **con la cuenta de Gmail** que ha creado para trabajar con herramientas de inteligencia artificial.

10. La función **Enhancer** de Krea permite no solo **aumentar el tamaño de una imagen,** sino también **mejorar su calidad** para que un dibujo adquiera un aspecto más **fotográfico y realista.**

11. **Suba la imagen** que ha creado con ChatGPT a esta plataforma presionando el botón **Upload Image.**

12. Tras unos segundos, la imagen se habrá cargado. En la parte derecha de la ventana (ver **Figura 7.5**), podrá comprobar que Krea AI ha analizado la imagen y ha generado automáticamente un *prompt* descriptivo:

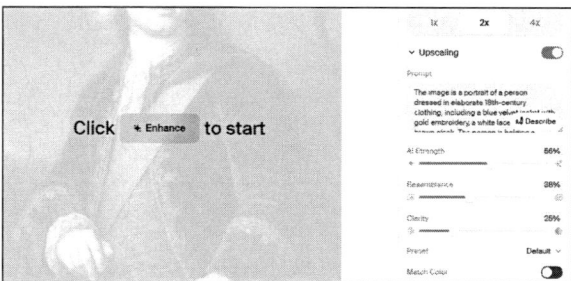

Figura 7.5: Ventana de Krea AI

13. Deje todas las opciones por defecto (como se muestra en la Figura 7.5) y presione el botón **Enhancer** para que la herramienta aumente la resolución y mejore el aspecto general de la imagen.

14. Al cabo de unos minutos, obtendrá la nueva versión de la imagen de Felipe V, con un aspecto mucho más realista. **Descárguela** con el nombre «**02 Foto de Felipe V**» y guárdela en la carpeta «**Temporal**» de su ordenador.

**Figura 7.6:** Imagen

De esta forma, ya tendremos la foto lista para ser usada en una próxima actividad, donde haremos que presente la lección de geografía e historia sobre «**El modelo político del antiguo régimen**».

## 7.3 Actividad 18: cómo crear una portada de una lección

Siguiendo con el ejemplo del profesor de **Geografía e historia**, y con el objetivo de **presentar visualmente la lección**, vamos a crear una **ilustración** que incluya tanto el **título de la lección** como una **imagen representativa de sus contenidos**. Esta ilustración servirá como **portada** del documento impreso que posteriormente se entregará al alumnado para que estudie el tema en profundidad.

Para crear esta portada utilizaremos la herramienta de inteligencia artificial llamada **Ideogram**. A continuación, le explico paso a paso cómo hacerlo:

1. Acceda a la página de **Ideogram** a través de cualquiera de estos dos enlaces: https://bit.ly/4d5Rs4P

**Figura 7.7:** Enlace

2. Una vez dentro, igual que en la actividad anterior, **regístrese con la cuenta de Gmail** que ha creado para estas actividades.

3. A continuación, **guarde el enlace** de esta herramienta en la carpeta de marcadores llamada «**GENERADORES DE IMÁGENES**, para tenerla siempre a mano.

4. Se abrirá una ventana como la que aparece en la **Figura 7.8**:

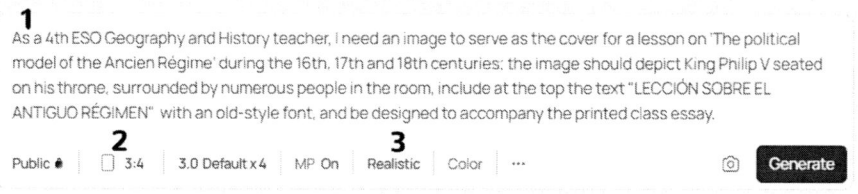

Figura 7.8: Ventana de Ideogram AI

Para **crear la imagen** deseada, siga estos pasos:

1. En la zona de texto (marcada en la **Figura 7.8**) deberá **escribir el *prompt*** que describa con claridad la imagen que desea generar. Preste atención a estas indicaciones:

   A) Escriba todo **el *prompt* en inglés**, excepto los títulos que desee que aparezcan en castellano, que deben ir **entre comillas**.

   B) Incluya una **descripción detallada** de la ilustración que desea obtener. Por ejemplo: «*Como profesor de Geografía e Historia de 4º de la ESO, necesito una imagen que sirva como portada para una lección sobre El modelo político del antiguo régimen durante los siglos XVI, XVII y XVIII; la imagen debe representar al rey Felipe V sentado en su trono, rodeado de numerosas personas en la sala, incluir en la parte superior el texto "LECCIÓN SOBRE EL ANTIGUO RÉGIMEN" con una fuente de estilo antiguo, y estar diseñada para acompañar la redacción impresa de la clase*».

   C) Una vez redactado, **traduzca el *prompt* al inglés** utilizando una herramienta como **DeepL. La traducción deberá ser igual**, como se muestra en la parte superior de la **Figura 7.8**.

2. Seleccione la **relación de aspecto 3:4**, ya que es la más adecuada para una hoja en formato **DIN A4**.

3. Elija el estilo visual **Realistic,** para que la ilustración se aproxime estéticamente a los retratos de época.

4. Después de pulsar el botón **Generate**, la plataforma generará automáticamente **cuatro imágenes** (ver **Figura 7.9**).

Seleccione la que más le guste y **guárdela en la carpeta «Temporal» de su ordenador** con un nombre identificativo, por ejemplo: **«03 Portada de la lección.jpg»**.

**Figura 7.9:** Las cuatro imágenes generadas con Ideogram

Esta imagen la utilizaremos más adelante en una actividad.

## 7.4 Trabajo con voces y música con IA

La inteligencia artificial ha supuesto una auténtica revolución en el ámbito educativo, ofreciendo **herramientas creativas, accesibles y versátiles** que transforman por completo la manera en la que **enseñamos y aprendemos**. Uno de los campos con mayor potencial en este sentido es el de la **generación de voces y música mediante IA**, que permite a cualquier docente **crear recursos sonoros personalizados** sin necesidad de contar con conocimientos técnicos avanzados.

Estas herramientas pueden aplicarse en **todas las etapas educativas**, desde **Educación Infantil hasta Formación Profesional**, aportando una dimensión **sonora** que enriquece los contenidos, capta la atención del alumnado y fomenta el aprendizaje multisensorial.

En los niveles más iniciales, como Infantil, las voces generadas por IA pueden utilizarse en **cuentos narrados**, **canciones personalizadas** o **instrucciones lúdicas**, favoreciendo tanto la **comprensión** como la **motivación** del alumnado. En Primaria y Secundaria, estas voces permiten crear audios que explican conceptos, representan personajes históricos o narran situaciones reales e imaginarias, facilitando así el aprendizaje auditivo y apoyando a estudiantes con **dificultades lectoras o necesidades educativas especiales**.

En **Bachillerato** y **Formación Profesional**, estas mismas herramientas resultan muy útiles para generar **materiales de estudio**, **simulaciones** o **presentaciones dinámicas** que conecten con los intereses reales del alumnado adolescente y adulto joven.

Una de las grandes ventajas de estas soluciones es su **simplicidad de uso**: en apenas unos clics, se puede transformar un texto en una narración con entonación natural, o componer una pieza musical que acompañe una presentación, un vídeo o cualquier otra actividad de aula. Con ello no solo se ahorra tiempo, sino que se reduce la necesidad de recursos externos y se enriquece la experiencia de aprendizaje mediante estímulos auditivos que **favorecen la retención del conocimiento**.

Además, muchas de estas herramientas permiten generar contenidos en distintos idiomas, lo que resulta especialmente útil en la **enseñanza de lenguas extranjeras** o en contextos con **alumnado de origen diverso**.

Incorporar la **inteligencia artificial en la creación de voces y música** no solo moderniza la práctica docente, sino que también **despierta la curiosidad del alumnado**, conectando con las tecnologías que forman parte de su día a día. Se trata de una manera eficaz de enriquecer los materiales didácticos, fomentar la creatividad, la inclusión y atender a los distintos **estilos de aprendizaje** que conviven en nuestras aulas.

A continuación, le presento **varias herramientas para trabajar la generación de voces** mediante IA y otra aplicación específica para la **creación de música personalizada**.

## 7.5 Actividad 19: generar una voz para Felipe V

Siguiendo con el ejemplo de la lección en la que queremos que **Felipe V presente el tema al alumnado**, el siguiente paso será **generar una voz** que reproduzca el mensaje que deseamos transmitir. Para ello, necesitaremos crear primero la **locución en formato de texto**, que posteriormente convertiremos en audio.

A continuación, le indico los pasos que debe seguir:

1. **Crear el texto con ChatGPT.** Acceda a **ChatGPT** desde el enlace que ya tiene guardado en la carpeta de marcadores de su navegador web. Una vez dentro, simplemente escriba el siguiente *prompt*:

   *«Necesito que hagas una presentación breve para mis alumnos de 12 años en un solo párrafo. Deberás hacerlo en primera persona, como si fueses el rey Felipe V, para una lección que trata sobre "El modelo político del antiguo régimen durante los siglos XVI, XVII y XVIII"».*

   **Respuesta de ChatGPT:**

   *«¡Saludos, jóvenes! Soy Felipe V, rey de España, y he venido desde el pasado para contaros cómo se gobernaban los reinos en mi época. Durante los siglos XVI, XVII y XVIII, los reyes teníamos todo el poder: mandábamos en las leyes, los ejércitos y las decisiones importantes, sin tener que pedir permiso al pueblo. A esto se le llama monarquía absoluta, y formaba parte de lo que hoy conocéis como el antiguo régimen. Acompañadme en esta lección y descubriréis cómo funcionaba este sistema y cómo vivía la gente bajo mi reinado.*

2. **Convertir la narración en una voz.** Existen numerosas herramientas de inteligencia artificial que permiten transformar un texto en una locución de audio. Esto puede hacerse de dos maneras: por un lado, **clonando una voz existente** (con el permiso explícito de la persona) o, por otro lado, **utilizando una de las voces predefinidas** que

integran estas plataformas. En este caso, optaremos por la segunda opción.

3. Acceda a la página del generador de voz a través de uno de estos enlaces: https://bit.ly/44i5xKc

Figura 7.10: Enlace

4. Igual que hizo con otras herramientas anteriores, le recomiendo **crear una carpeta en su navegador** llamada «**GENERADORES DE VOCES Y MÚSICA**» dentro de la carpeta principal «**INTELIGENCIAS ARTIFICIALES**», y guardar allí el enlace de esta página para tenerlo siempre accesible.

5. Una vez en la página web, encontrará una ventana similar a la que se muestra en la **Figura 7.11**.

Figura 7.11: Ventana del generador de voz sintética

Los números que aparecen en la figura 7.11 describen los apartados de configuración de esta plataforma:

1. **MP3 version:** haga clic en esta pestaña para desplegar opciones adicionales.

2. **Selector del idioma:** desde aquí podrá escoger la voz que mejor se adapte a la personalidad del personaje. En este caso, seleccionaremos la voz de **Álvaro**.

3. *Prompt*: pegue en este recuadro el texto que redactó anteriormente.

4. *Generate speech*: presione este botón para generar la locución de audio.

5. **Reproductor:** utilice el reproductor incorporado para escuchar cómo suena la voz generada.

6. *Download*: pulse este botón para descargar el archivo de audio, guardándolo en la carpeta **«Temporal»** de su ordenador con el nombre: «**Voz de Felipe V.mp3**».

De este modo ya dispondrá de la voz que, más adelante, utilizaremos junto con la imagen creada en actividades anteriores para elaborar un **vídeo de presentación de la lección**.

Si desea escuchar la voz generada en este ejemplo, puede hacerlo accediendo a cualquiera de estos dos enlaces:

https://bit.ly/4jJBxM3

Figura 7.12: Enlace

## 7.6 Actividad 20: crear música con inteligencia artificial

Ahora que ya hemos generado la voz de Felipe V, vamos a dar un paso más: crearemos una **pieza musical** que sonará de fondo mientras el personaje habla. Al igual que ocurre con la generación o clonación de voces, existen muchas herramientas de inteligencia artificial especializadas en la **creación de música personalizada**.

1. Entre en la página web de Suno a través de uno de estos enlaces: https://suno.com/

Figura 7.13: Enlace

2. Una vez dentro de la página, **regístrese** con su cuenta y, a continuación, **guarde este enlace** dentro de la misma carpeta de

marcadores donde almacenó previamente la herramienta de IA que sintetiza voz.

3. En la parte superior derecha de la ventana, dentro del recuadro **Create your own song** (Crear su canción), escriba el estilo musical que mejor acompañe la historia que va a contar. Para este ejemplo, puede escribir: **Spanish courtly baroque** (equivalente a **Barroco cortesano español**). Luego, presione el botón **Create.**

4. Se abrirá una nueva ventana donde deberá escoger un estilo musical. En este caso, le recomiendo seleccionar **Classical**. A continuación, presione dos veces el botón **Next** y, en la última ventana, indique su fecha de nacimiento antes de pulsar **Done.**

1. Antes de crear la canción, active en la parte izquierda de la ventana de Suno el botón **Instrumental**. Verá que, en la parte superior, aparece el *prompt* que escribió anteriormente. Por último, presione el botón **Create.**

Al hacerlo, la plataforma generará **dos canciones**, que aparecerán a la derecha de la ventana. Solo deberá esperar unos minutos a que finalice el proceso de creación. Una vez listas, podrá escucharlas y escoger la que más le guste.

Es importante que tenga en cuenta que estas canciones **solo podrán usarse para fines no comerciales**, tal como indica la propia plataforma en el momento de la descarga. Guarde la canción seleccionada en la carpeta «**Temporal**» de su ordenador con el nombre: «**Banda sonora vídeo Felipe V.mp3**».

## 7.7 Actividad 21: animar una fotografía

¡Por fin hemos llegado al momento esperado! Ahora podremos hacer que **Felipe V hable**. Para ello, solo necesitaremos usar la imagen que habíamos creado previamente «**02 Foto de Felipe V**» y el archivo de audio «**Voz de Felipe V.mp3**», ambos guardados en la carpeta «**Temporal**».

Existen varias herramientas de inteligencia artificial que permiten **animar una fotografía** combinándola con un archivo de audio. Sin embargo, algunas de ellas presentan ciertas limitaciones en sus versiones gratuitas. Por ejemplo, **Hedra AI** solo permite generar animaciones con audios de hasta 30 segundos. Otras, como **HeyGen**, son excelentes, pero ofrecen tantas opciones que pueden resultar un poco complicadas para alguien que se inicia en este tipo de tareas.

Finalmente, he optado por recomendarle una herramienta muy sencilla de usar: **MangoAnimate AI**. Eso sí, tenga en cuenta que su principal inconveniente es que el vídeo generado incluirá **una gran marca de agua**. No se puede tener todo.

1. Al igual que con las herramientas anteriores, acceda a **MangoAnimate AI** usando uno de estos dos enlaces: https://mangoanimate.com/es/

Figura 7.14: Enlace

2. Una vez se haya registrado, guarde el enlace en su carpeta de marcadores para tenerlo siempre a mano.

3. En la ventana principal, presione el botón **Crear vídeo con IA**. En la siguiente pantalla, debajo del recuadro **Talking Photo**, haga clic en el botón **Try It Now**.

4. Desde la ventana que se abrirá (**Figura 7.15**), suba en la parte izquierda la **foto** y, en la parte derecha, el **archivo de audio**. Después, en la parte inferior de la ventana, pulse el botón **Generate AI Video**.

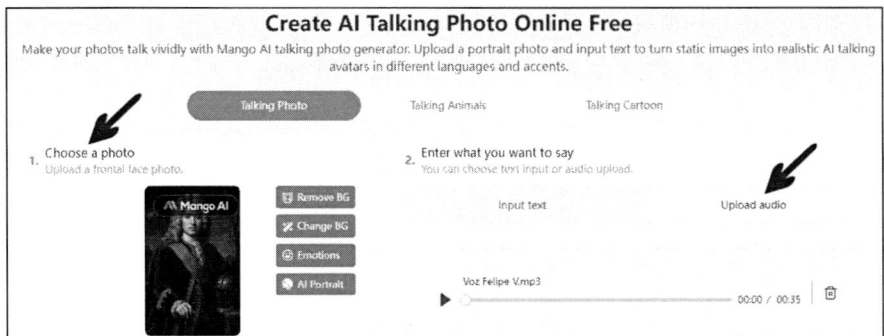

**Figura 7.15:** Ventana de Mango Animate AI

5. Tras unos minutos, el vídeo estará generado. Solo le quedará presionar el botón de **descarga** y guardar el archivo en la carpeta «**Temporal**» con el nombre: «**04 Felipe V presenta una lección.mp4**».

En el próximo apartado, veremos cómo presentar este vídeo que acabamos de crear en la portada de la **Actividad número 18**.

## 7.8 Actividad 22: lección con portada interactiva

La idea final es **imprimir la hoja creada en la Actividad número 18**, junto con la redacción completa de la lección generada en la **Actividad número 15**, guardada en Google Drive bajo el nombre:

«**Documento sobre El modelo político del antiguo régimen**».

1. **Suba el vídeo de Felipe V** a la carpeta de Google Drive donde se encuentra el documento anterior. Una vez subido, selecciónelo y **copie el enlace** del vídeo. El enlace tendrá un formato similar a este: https://drive.google.com/file/d/1FTxOhN25lt3hmZD5WTZjGxOaEzJa GgOI/view?usp=drivesdk

2. A continuación, acceda a la página que permite **crear un código QR** a partir de estos enlaces: https://www.qrcode-monkey.com/es/

**Figura 7.16:** Enlace

3. No será necesario registrarse. Simplemente **pegue el enlace de Google Drive** en el recuadro superior donde dice **Tu URL** y presione el botón **Crear Código QR**.

4. Una vez generado, **descargue el código QR** y guárdelo con el nombre: «**QR Video de Felipe V.jpg**».

5. Finalmente, suba este archivo del código QR a la misma carpeta de Google Drive donde están el documento de la lección y la ilustración de portada («**03 Portada de la lección.jpg**»), que habíamos creado en la Actividad número 18.

Llegados a este punto, deberá tener reunidos **todos estos archivos en la carpeta de la lección** (ver **Figura 7.17**).

**Figura 7.17:** Ficheros para crear el documento impreso

Ahora siga esta secuencia de pasos para **crear el documento final de la lección completa**, que podrá imprimir posteriormente:

1. Abra el archivo señalado en la **Figura 7.17** con el nombre: «**Documento sobre El modelo político del antiguo régimen**».

2. Una vez abierto, coloque el cursor al inicio de la primera línea del texto del documento y presione al mismo tiempo las teclas **Control + Enter**. Esto añadirá **una hoja en blanco** al principio del documento.

3. Desde el menú superior, seleccione **Insertar**, luego **Imagen**, y después **Drive**.

4. Se abrirá una pestaña a la derecha mostrando las dos imágenes que tiene actualmente en la carpeta de la lección. Primero, arrastre la imagen de la **portada de la lección** sobre la hoja en blanco y ajuste su tamaño para que encaje correctamente en la página.

5. A continuación, haga lo mismo con la imagen del **código QR**. Colóquela sobre la portada, ajustando el tamaño y la posición para que, por ejemplo, quede situada debajo del título, tal como puede observar en la **Figura 7.18**.

**Figura 7.18:** Documento de la lección terminado

De esta forma, ya tendrá listo el documento completo.

1. Para descargarlo, vaya a la parte superior izquierda, seleccione **Archivo**, luego **Descargar**, y elija la opción **Documento PDF**.

2. Guarde el archivo descargado en la carpeta «**Temporal**».

Ahora podrá **imprimirlo y hacer fotocopias** para repartirlo entre su alumnado, explicándoles además cómo usar el **código QR** que aparece en la portada.

# CAPÍTULO 8 – OTROS RECURSOS

¡Bienvenido a una nueva etapa en nuestra exploración de la inteligencia artificial aplicada a la educación! Si **en los capítulos anteriores sentamos las bases para elaborar documentación educativa sólida y crear materiales audiovisuales e interactivos combinando distintas herramientas de IA**, ahora daremos un paso más allá, explorando otros horizontes y recursos que la inteligencia artificial pone a nuestra disposición para enriquecer aún más nuestra labor docente.

Este capítulo se adentra en las **posibilidades que ofrece la inteligencia artificial** para crear contenidos educativos que, hasta hace poco tiempo, resultaban **muy complicados de desarrollar** para cualquier docente, independientemente del nivel educativo. Antes, se requerían **grandes conocimientos técnicos** para tareas como, por ejemplo, la **creación de un modelo 3D** de un personaje histórico que luego pudiera imprimirse en una **impresora 3D**, o la **producción de un vídeo completo de una lección**, algo que solía llevar **horas de trabajo**. Hoy en día, estas tareas se pueden realizar en cuestión de **minutos**.

Las posibilidades que ofrecen estas herramientas **crecen a un ritmo vertiginoso**, evolucionando no ya cada semana, sino prácticamente **cada día**. Esto hace que resulte **imposible abarcar todas las opciones disponibles** para la creación de contenidos educativos en tan pocas páginas.

Aun así, a continuación le presento **información sobre otros recursos muy interesantes y útiles,** que no se han mencionado en los capítulos anteriores, pero que pueden ser de gran valor para cualquier docente que desee seguir explorando y ampliando sus recursos didácticos.

## 8.1 Creación de vídeos educativos

Existen **muchas posibilidades** a la hora de crear todo tipo de **vídeos educativos,** y la herramienta que elija dependerá en gran medida del **tipo de vídeo que desee realizar.** No es lo mismo producir un **documental sobre un centro educativo** que diseñar un vídeo para la **introducción a una lección.**

También es importante tener en cuenta que se pueden combinar **distintas herramientas,** no solo aquellas basadas en inteligencia artificial, sino también otras plataformas destinadas a **editar y montar vídeos** a partir del material previamente creado con IA.

Por ejemplo, a partir del vídeo generado en la **Actividad 21: animar una fotografía,** es posible lograr un acabado mucho más profesional utilizando **Canva,** añadiendo la **música de fondo** que se había creado en la **Actividad 20: crear música con inteligencia artificial.**

Para ilustrar cómo queda el resultado final, aquí le dejo un **ejemplo práctico** realizado con Canva. Puede consultarlo accediendo a cualquiera de los siguientes enlaces:

https://bit.ly/3GMMG01

**Figura 8.1:** Enlace

Recuerde crear una **carpeta en los marcadores de su navegador** con el nombre «**GENERADORES DE VÍDEOS**», dentro de la carpeta principal «**INTELIGENCIAS ARTIFICIALES**», para **guardar en ella los enlaces** de las herramientas de inteligencia artificial que vamos a utilizar a continuación.

## 8.2 Actividad 23: presentación de Felipe V con música

En esta actividad le mostraré **cómo crear el vídeo** que ha podido ver en los enlaces anteriores utilizando la plataforma **Canva.** Pero, antes, permítame explicarle brevemente **qué es Canva.**

Se trata de una **plataforma gratuita,** especialmente pensada para **docentes de todos los niveles educativos,** que permite **crear y compartir materiales visuales y audiovisuales** de manera sencilla y colaborativa. Canva ofrece acceso a miles de **plantillas**, **recursos gráficos**, herramientas para la edición de **vídeo**, funciones integradas de **inteligencia artificial** y es totalmente compatible con entornos virtuales de aprendizaje. Todo esto sin necesidad de contar con experiencia previa en diseño.

A continuación, le detallo los pasos que deberá seguir:

1. Entrar en la página de Canva a través de uno de estos dos enlaces:

   https://www.canva.com/

   **Figura 8.2:** Enlace

2. Registrarse con la cuenta que ha creado previamente para trabajar con herramientas de inteligencia artificial y, como en ocasiones anteriores, **guardar el enlace de esta página en su carpeta de marcadores**.

3. En la parte superior izquierda, seleccionar el botón **+ Crear**.

4. Se abrirá una ventana donde, en la parte inferior, deberá seleccionar la opción **Tamaño personalizado**. A continuación, introduzca las dimensiones correspondientes al vídeo generado en la **Actividad 21: Felipe V presenta una lección (ancho: 1360 px** y **alto: 2048 px)**. Una vez introducidos los valores, pulse el botón **Crear nuevo diseño**.

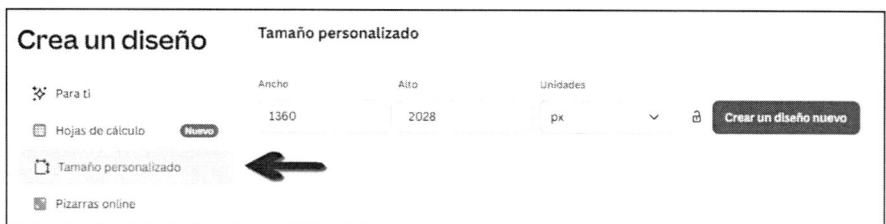

**Figura 8.3:** Diseño personalizado en Canva

5. En la nueva ventana que se abrirá, diríjase a la parte izquierda y seleccione la opción **Subidos**, y luego haga clic en **Subir archivos** para cargar el fichero de vídeo «**04 Felipe V presenta una lección.mp4**», que se localiza dentro de la carpeta «**Temporal**» de su disco duro.

6. Una vez cargado el vídeo, simplemente haga clic sobre él para insertarlo en la hoja en blanco. Luego, **arrastre sus esquinas** para que cubra **toda la superficie del diseño**.

7. En la misma sección **Subidos**, haga clic nuevamente en **Subir archivos** y seleccione el fichero de audio «**Banda sonora vídeo Felipe V.mp3**», que se encuentra en la carpeta «**Temporal**».
Después, arrástrelo sobre la hoja que contiene el vídeo.

8. Justo debajo del vídeo, haga clic sobre la **línea violeta** que representa la pista de audio para desplegar su configuración.

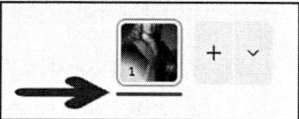

**Figura 8.4:** Línea

9. Al hacer clic sobre esta línea con el **botón derecho del ratón**, se abrirá la pista. Pulse y seleccione la opción **Volumen** en el menú emergente.

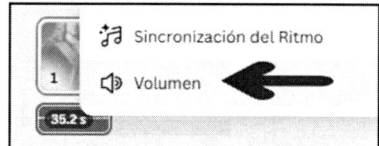

**Figura 8.5:** Volumen

10. En la ventana que se abre, **ajuste el volumen de la música de fondo a un valor de 20**. Esto permitirá que la voz de Felipe V se escuche claramente por encima de la música. Escriba el número **20** y presione la tecla **Enter**.

11. Antes de descargar el vídeo, asigne un nombre al proyecto desde la parte superior central de la pantalla. Por ejemplo:
«**05 Felipe V presenta una lección con música**».

12. Para descargar el vídeo, vaya a la esquina superior derecha, seleccione **Compartir** y luego **Descargar**.

13. Una vez descargado el archivo, deberá **subirlo a la carpeta «Lección sobre El modelo político del antiguo régimen»** de su cuenta de **Google Drive** y guardarlo con el nombre:
«**01_Presentacion_leccion_Felipe_V.mp4**».

## 8.3 Actividad 24: vídeo de introducción a una lección

Como le mencioné al comienzo de este capítulo, hoy en día existen **diversas herramientas de inteligencia artificial** que permiten **crear vídeos en cuestión de minutos**, tareas que anteriormente podían llevar horas de trabajo. Una de las más destacadas en este ámbito es la herramienta *online* **Fliki AI**.

**Fliki AI** permite **transformar textos en vídeos atractivos** de forma rápida, sencilla y sin necesidad de tener experiencia previa en edición. Su aplicación en el entorno educativo es especialmente valiosa, ya que facilita al profesorado la creación de **tutoriales, explicaciones visuales o presentaciones dinámicas** que fomentan la participación y mejoran la comprensión del alumnado. Gracias a funciones como la **locución realista**, el uso de **avatares virtuales** y una **interfaz intuitiva**, Fliki AI permite adaptar los contenidos a distintos **estilos y ritmos de aprendizaje**, contribuyendo así a una enseñanza **más inclusiva y eficaz.**

Siguiendo con el ejemplo que hemos venido desarrollando a lo largo de este libro, en el que un profesor de **Geografía e Historia** prepara una clase sobre **«El modelo político del antiguo régimen durante los siglos XVI, XVII y XVIII»**, con **Fliki AI** es posible crear una **introducción en vídeo** de diversas maneras. Esta herramienta permite generar el vídeo a partir de un *prompt* sencillo que describa el contenido, o bien utilizando un **guion completo** que incluya todo lo que se desea transmitir al alumnado.

En este caso, vamos a optar por la opción más rápida y directa: **crear el vídeo a partir de un simple *prompt*.**

1. Acceda a la página de Fliki AI a través de uno de estos dos enlaces: https://fliki.ai/

Figura 8.6: Enlace

2. Una vez dentro de la plataforma, y como ha hecho en actividades anteriores, deberá **registrarse con su cuenta** y **guardar el enlace** en

la carpeta correspondiente de sus marcadores, dentro de **«INTELIGENCIAS ARTIFICIALES»**.

3. Tras completar el registro, en la **ventana principal** (Home), seleccione la opción **Idea (*Prompt*)**, que permite crear un vídeo a partir de una indicación sencilla, tal y como le comenté anteriormente.

**Ventana. Paso 1:** *Prompt*: se abrirá una nueva ventana donde deberá escribir una **descripción detallada del contenido del vídeo.**

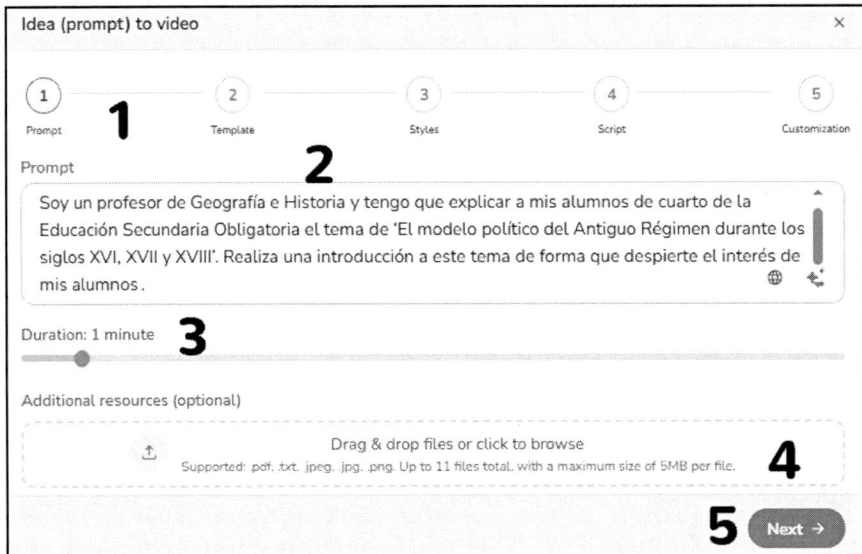

Figura 8.7: Ventana con las opciones del paso 1, prompt

**Las opciones de esta ventana del paso 1** son las siguientes:

1. **Indicador numérico:** muestra cuántos pasos componen el proceso de creación del vídeo (en total son 5) y en cuál de ellos se encuentra actualmente.

2. **Recuadro para escribir el *prompt*:** aquí deberá introducir la descripción del vídeo. Para este ejemplo:

   «*Soy un profesor de Geografía e Historia y tengo que explicar a mis alumnos de cuarto de la Educación Secundaria Obligatoria el tema de "El modelo político del Antiguo Régimen durante los siglos XVI, XVII y XVIII". Realiza una introducción a este tema de forma que despierte el interés de mis alumnos».*

3. **Duración:** establezca la duración del vídeo. En la versión gratuita, podrá configurarlo hasta un máximo de **1 minuto**.

4. **Ficheros adjuntos:** desde aquí podrá subir documentos con *prompts* más extensos para crear el vídeo.

5. **Next:** una vez completadas las opciones anteriores, pulse este botón para continuar al siguiente paso.

**Ventana. Paso 2: Plantilla:** en esta nueva ventana deberá configurar dos elementos:

1. **Relación de aspecto del vídeo:** selecciónela en función del medio en el que desee presentar el vídeo. Por ejemplo:

   - Para **TikTok:** *9:16*
   - Para **YouTube:** *16:9*
   - Para **Facebook o Instagram:** *1:1*

En este caso, el docente selecciona la relación **16:9**, adecuada para proyectar en clase o compartir en plataformas más horizontales.

2. **Selección de plantilla con avatar:** Fliki ofrece la posibilidad de añadir un **avatar animado** que aparece en pantalla hablando. Sin embargo, en este caso **no utilizaremos ningún personaje**, por lo que deberá desplazarse hacia la parte inferior de la ventana y seleccionar la plantilla llamada **Dynamic Template – Auto Layout**, que no incluye avatar. Una vez seleccionada, pulse el botón **Next** para continuar al siguiente paso.

**Ventana. Paso 3: Estilos:** en esta tercera ventana deberá configurar el **idioma del vídeo** (ubicado en la parte superior) y, a continuación, seleccionar una o varias opciones dentro de las diferentes **categorías** disponibles: **Tono, Propósito** y **Audiencia.**

Además, en el recuadro inferior podrá especificar el estilo narrativo que desea utilizar para el vídeo, en el apartado denominado **Script Style.**

Para el ejemplo que estamos desarrollando, estas serían las opciones seleccionadas (podrán variar):

- **Tono:** informativo y atractivo

- **Propósito:** introducción al tema

- **Audiencia:** estudiantes de ESO

- **Estilo del guion:** apasionado y narrativo, como un historiador contando una historia.

**Ventana. Paso 4: Guion:** a partir de toda la información introducida en los pasos anteriores, la herramienta de inteligencia artificial generará automáticamente los **textos que conformarán el vídeo**, es decir, el **guion completo.**

En este punto, el docente deberá **leer detenidamente el guion propuesto**, comprobar que todo está correcto y, si lo considera necesario, **realizar ajustes o añadir mejoras** para que la introducción al tema resulte más clara y atractiva para el alumnado. Una vez revisado y editado el contenido, presione el botón **Next** para continuar al **último paso.**

**Ventana. Paso 5: Personalización:** aquí aparecen varias opciones, siendo la más importante aquella que permite crear imágenes usando IA y no a través de imágenes reales de plataformas de pago.

1. **AI Media:** seleccionar esta opción y, dentro de ella, el estilo de las imágenes (modelo 3D, arte fantástico, etc.).

2. **Voiceover:** la voz de la persona que narra el vídeo. Esta voz se puede cambiar después dentro de cada escena una vez generada la vista previa del vídeo.

**Figura 8.8:** Ventana con las opciones del paso 5, personalización

Para finalizar, presionar el botón **Submit**.

Una vez completados todos los pasos anteriores, será necesario **esperar unos minutos** para que **Fliki AI genere el vídeo**. Al finalizar el proceso, se abrirá una nueva ventana con **tres secciones principales**, tal como se muestra en la **Figura 8.9**:

1. **Zona de escenas:** aquí se muestran todas las **escenas que componen el vídeo**. Cada una de ellas incluye:

   A) La **voz del narrador** (*Voiceover*), que puede personalizarse individualmente por escena.

   B) El **texto** que aparecerá en pantalla en forma de subtítulos.

   C) La **imagen** o fondo visual asociado a la escena.

2. **Zona de visualización:** contiene el **reproductor del vídeo**, ubicado en la parte inferior de la ventana, así como el vídeo en la parte superior.

3. **Panel de propiedades:** muestra las **propiedades del elemento seleccionado** dentro de una escena; por ejemplo, un texto, una imagen o la voz.

Desde esta interfaz es posible realizar múltiples ajustes para **personalizar cada escena**. Entre otras opciones, podrá:

- Cambiar la **voz** de cada escena de forma individual.

- Modificar o reemplazar el **texto del narrador** y los subtítulos.

- **Añadir música de fondo.**

- Aplicar la **misma voz para todo el vídeo** o utilizar voces diferentes; por ejemplo, una para la introducción y otra para el desarrollo.

Además, Fliki ofrece muchas más funcionalidades para personalizar el vídeo: podrá **cambiar la fuente del texto**, su **tamaño, color, añadir efectos visuales**, **insertar un avatar** y mucho más, lo que le permitirá crear un contenido realmente dinámico y adaptado a sus necesidades educativas.

**Figura 8.9:** Ventana principal de Fliki con el vídeo creado

Antes de proceder a **renderizar el vídeo,** es muy importante que **revise cuidadosamente su contenido.** En algunas ocasiones, tanto los **textos** como las **imágenes asociadas a cada escena** pueden no coincidir del todo con lo que desea transmitir.

Por ejemplo, si el narrador está hablando sobre los **reyes del antiguo régimen** y la imagen que aparece no guarda relación con el tema, podrá **seleccionar dicha imagen** y sustituirla escribiendo un *prompt* más acorde con el contenido narrado. De este modo, garantizará que el vídeo sea coherente y visualmente adecuado.

Una vez revisado y ajustado todo, podrá **descargar el vídeo** siguiendo estos pasos:

Pulse el botón **Download,** que se encuentra en la esquina superior derecha de la ventana.

1. En el cuadro emergente, haga clic sobre **Start export**.

2. Aparecerá un mensaje preguntando si está satisfecho con el resultado. Confirme presionando el botón **Start**.

Este proceso puede tardar unos minutos. Una vez finalizado, recibirá una **notificación por correo electrónico** informándole de que su vídeo está listo para ser descargado.

Para finalizar, presione el botón **Download MP4** y guarde el archivo en la carpeta «**Lección sobre El modelo político del antiguo régimen**» de **Google Drive**. Cambie el nombre del archivo por:

«02_Video_introduccion_al_antiguo_regimen.mp4»

Tenga en cuenta que, en este caso, se utilizan **guiones bajos** en lugar de espacios, y se **evitan los acentos**, ya que posteriormente le explicaré cómo **integrar este vídeo en una página web**, y este formato de nombre es el más adecuado para ese entorno.

A continuación, le facilito los **enlaces** desde los cuales podrá **visualizar el vídeo generado** siguiendo los pasos explicados en los apartados anteriores: https://bit.ly/3YDruQd

Figura 8.10: Enlace

## 8.4 Presentación de los materiales creados con IA

A lo largo de este libro le he mostrado **cómo crear distintos tipos de materiales educativos** para su alumnado, partiendo únicamente de **una idea inicial** y adaptando los *prompts* en función de esa idea.

El eje central ha sido el ejemplo de un docente que desea explicar a su grupo de **Educación Secundaria Obligatoria** el tema del «**El modelo político del antiguo régimen durante los siglos XVI, XVII y XVIII**». Una vez generados todos los recursos, la siguiente fase consiste en **presentarlos de forma unificada**, es decir, **reunirlos en un solo espacio**, accesible, claro y bien estructurado, que permita al alumnado **estudiar este contenido de manera atractiva y amena**.

La propuesta consiste en **agrupar los principales materiales** almacenados tanto en su carpeta de **Google Drive** como en la carpeta «**Temporal**» de su ordenador.

Para facilitar esta tarea, uno de los recursos más eficaces es la **integración de todos estos materiales en una página web**, creada con ayuda de una herramienta de inteligencia artificial. Otra opción igualmente interesante es el desarrollo de una **aplicación educativa**. Ambas alternativas permitirán ofrecer al alumnado una **experiencia de aprendizaje centralizada, moderna y motivadora**.

Es cierto que **todos estos materiales podrían subirse fácilmente a Moodle**, y quien piense así tiene toda la razón. Sin embargo, considero útil explicar también **cómo integrar muchos de los recursos creados en una página web**, especialmente pensando en aquellos docentes que **no utilizan Moodle** o que, simplemente, **prefieren una alternativa más sencilla y directa**.

Para ello, le mostraré cómo hacerlo utilizando una **herramienta que he desarrollado específicamente** para facilitar esta tarea de forma rápida, accesible y sin necesidad de conocimientos técnicos.

## 8.5 Actividad 25: cómo generar una página web con contenidos educativos

Antes de poder usar la herramienta a través de la cual podrá integrar los enlaces de los materiales de la lección sobre el antiguo régimen, deberá seguir los siguientes pasos:

**Paso 1: crear una tabla con la relación de materiales que se van a integrar**

Todos estos materiales los debe haber subido a la carpeta «**Lección sobre El modelo político del antiguo régimen**» de su Google Drive, tal y como se ha explicado en la actividades anteriores, ya que será necesario disponer de los enlaces de cada uno de estos materiales para, después, suministrarlos a la herramienta *online* que permitirá integrarlos en una página web.

Recuerde que el **enlace al formulario de la lección** debe estar guardado en la carpeta de marcadores de Google Chrome, dentro de «**Geografía e Historia de 4° de ESO**».

No obstante, al final de la **Actividad número 15** se explica con detalle **cómo generar este enlace** una vez creado el formulario. Ese enlace deberá **copiarlo y pegarlo** en la tabla que aparece a continuación.

| MATERIALES | ACTIVIDAD | ENLACES |
|---|---|---|
| 01_Presentacion_leccion_Felipe_V.mp4 | 23 | https://drive... |
| 02_Video_introduccion_al_antiguo_regimen.mp4 | 24 | https://drive... |
| Documento sobre El modelo político del antiguo régimen | 15 | https://drive... |
| Formulario de la lección | 15 | https://forms... |

**Tabla 8.1:** Tipos de materiales con sus enlaces

La **creación de esta tabla** es muy sencilla. Solo deberá **abrir un procesador de texto** y construir una tabla de **3 filas por 5 columnas**, similar a la que se muestra aquí arriba. A continuación, **copie y pegue los enlaces** correspondientes a cada uno de los materiales en la **columna titulada ENLACES**.

**Paso 2: herramienta *online* para generar la página web con los contenidos**

Una vez completada la tabla con los materiales creados mediante inteligencia artificial, y según el tipo de recursos y enlaces indicados en la **Tabla 8.1**, el siguiente paso será **generar su propia página web educativa**.

Para ello, simplemente deberá seguir estos pasos:

1. Abrir el enlace de la herramienta *online*:
   https://bit.ly/4j3xOYB

**Figura 8.11:** Enlace

2. Una vez abierta la página, deberá **responder a cada una de las preguntas** que se le presenten en pantalla, siguiendo las instrucciones que aparecerán paso a paso.

   1. **Título de la página web (sin acentos):** El modelo político del antiguo regimen

   2. **Nivel educativo:** cuarto de la ESO – Geografía e Historia

   3. **Descripción (500 caracteres):** estos materiales tratan sobre una lección sobre «El modelo político del antiguo régimen (siglos XVI-XVIII)». En estos siglos...

   4. **Contenido 1**

      A) **Título del contenido 1:** Felipe V presenta la lección

      B) **Enlace al contenido 1:**

      https://drive.google.com/file/d/1xGyroBH8RsuUap8mB0i-lm_W5dF6KS6Q/view?usp=drive_link

   5. Presionar el botón **+ Añadir otro bloque de contenido (máx. 4)** para añadir un segundo bloque de contenido.

      **Contenido 2**

      A) **Título del contenido 2:** vídeo de introducción al antiguo régimen

      B) **Enlace al contenido 2:**
      https://drive.google.com/file/d/1wGra250vnuFl9StxGMTFO qiVilJ25l22/view?usp=drive_link

   6. Repetir el proceso hasta completar los cuatro contenidos de la Tabla 8.1.

   7. Por último, presionar el botón **Generar y Previsualizar Página,**

Una vez haya completado el formulario, podrá visualizar en la **parte inferior de la página web** una **vista previa de la página generada**, con todos los contenidos que ha indicado. Le recomiendo **probar cada uno de los enlaces** para asegurarse de que funcionan correctamente. Recuerde que todos los **enlaces de Google Drive** deben tener configurados los **permisos de visualización** adecuados, de forma que cualquier persona con el enlace pueda acceder sin restricciones.

En la Figura 8.12 puede ver la previsualización de la página creada.

Figura 8.12: Página web con todos los contenidos para una lección

De este modo, contará con todos los materiales principales de la lección organizados en una página web clara y accesible para su alumnado. A continuación, deberá presionar el botón **Descargar Página HTML** y guardar el archivo generado en la carpeta **«Temporal»** de su ordenador, ya que será necesario utilizarlo en la siguiente actividad.

Puede ver un **vídeo explicativo** de esta actividad que le proporcionará información adicional sobre **cómo integrar algunos de los** **contenidos generados en actividades anteriores dentro de una página web.** Para acceder, utilice cualquiera de los siguientes enlaces: https://bit.ly/433DWKg

Figura 8.13: Enlace

## 8.6 Actividad 26: cómo alojar una página web educativa

Ahora que el profesor de **Geografía e Historia** ha creado una página web con los **contenidos principales de la lección,** el siguiente paso será **alojarla en un servidor** para poder compartirla con su alumnado. Para ello, utilizaremos la plataforma **Google Sites**.

Al final de esta actividad encontrará un **vídeo explicativo** que le mostrará todo el proceso paso a paso.

1. Acceda a **Google Sites** a través de uno de estos enlaces: https://sites.google.com/

Figura 8.14: Enlace

Se asume que ya ha iniciado sesión con la cuenta de Gmail que creó para trabajar con las herramientas de inteligencia artificial. Una vez abierta la página principal de Google Sites, seleccione en la esquina superior izquierda la opción **Sitio en blanco**.

2. Elimine el **título de la página** y también el **recuadro negro de fondo** que aparece por defecto.

3. En el menú lateral derecho, seleccione la pestaña **Páginas**. En la parte inferior, presione el símbolo **+** y, entre las cuatro opciones que aparecen, seleccione **Inserción de página completa.**

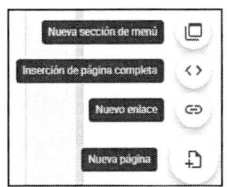

Figura 8.15: Enlace

4. Se abrirá una ventana en la que deberá escribir el **nombre de la página**. Para este ejemplo, escriba: **«Leccion sobre el modelo politico del antiguo regimen»**

5. En la siguiente ventana, haga clic en **Añadir elemento insertado.**

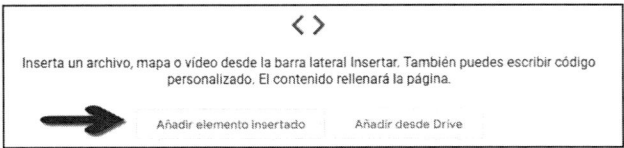

**Figura 8.16:** Ventana desde donde se escoge la opción de la izquierda

6. Se abrirá una nueva ventana. En la parte superior, seleccione **Insertar código**.

7. Sin cerrar esta ventana, abra el archivo **HTML** generado en la **actividad anterior**, ubicado en la carpeta **«Temporal»** de su ordenador.

8. Una vez abierta la página web, haga clic en el botón inferior **Copiar HTML**.

9. Vuelva a la ventana de Google Sites (paso 7) y **pegue el código copiado**. Luego, pulse el botón **Siguiente**.

10. Si ha seguido todos los pasos correctamente, verá una **vista previa de su página** dentro de Google Sites. Pulse **Insertar** para integrarla.

Ahora, la página generada en la actividad anterior estará **insertada en Google Sites**. Para finalizar:

1. En la parte superior izquierda, escriba el <u>título del sitio web</u>. Tenga en cuenta que el nombre debe tener **menos de 30 caracteres**, sin **acentos, espacios** ni **mayúsculas**. En este ejemplo: profe-de-historia-eso.

2. Haga clic en el botón **Publicar**, ubicado en la parte superior derecha.

3. En la ventana emergente, compruebe que el nombre del sitio web es correcto y confirme pulsando nuevamente en **Publicar**.

Una vez publicado el sitio, podrá **visualizarlo** siguiendo estos pasos:

1. Haga clic en la **flecha junto al botón Publicar** de la parte superior derecha y seleccione la opción **Ver sitio web publicado.**

2. Se abrirá la página web con todos los materiales integrados. Ahora deberá comprobar que todo funciona, excepto el botón **Copiar HTML,** que ya no es necesario en esta versión publicada.

Por último, y con esta página abierta en su navegador, copie el enlace. Este enlace se puede usar de varias formas para, después, compartirlo con los alumnos; por ejemplo, se puede acortar para que la dirección URL resulte más fácil de leer. También se puede crear un código QR (actividad número 22) a través del cual los alumnos también podrán acceder a esta página web.

Debe tener en cuenta que esta página web la podrán ver los alumnos o cualquier otra persona sin registro, simplemente abriendo su enlace.

**Enlace a la página de la lección con todos los materiales:**

http://bit.ly/3GDHnAb

Enlace a través de un código QR.

**Figura 8.17:** Enlace

A continuación, puede acceder a **cualquiera de los siguientes enlaces** para ver un **vídeo explicativo** donde se detalla **todo el procedimiento descrito anteriormente paso a paso.**

https://bit.ly/4miBKYs

**Figura 8.18:** Enlace

## 8.7 La inteligencia artificial y los modelos 3D

En los últimos meses han surgido **numerosas plataformas de inteligencia artificial** que permiten **crear modelos tridimensionales** de todo tipo, e incluso algunas de ellas ya ofrecen la posibilidad de **animar modelos humanos una vez generados**, algo que hasta hace poco resultaba **impensable sin conocimientos técnicos avanzados**.

Existen plataformas *online* gratuitas, como **Tinkercad**, que permiten diseñar modelos 3D, aunque requieren que el **usuario cree manualmente** cada elemento, lo que implica tener cierta **formación previa en modelado**. Por otro lado, herramientas más innovadoras, como **Tripo 3D**, permiten **generar modelos 3D a partir de texto**; es decir, simplemente escribiendo una descripción de lo que se desea crear, la inteligencia artificial se encarga del resto.

El uso de este tipo de plataformas en el ámbito educativo ofrece **numerosas ventajas**, ya que permite al profesorado y al alumnado **visualizar conceptos complejos**, **crear representaciones personalizadas** y potenciar el **aprendizaje activo y creativo**.

## 8.8 Cómo usar los modelos 3D en los niveles educativos

Es importante que un docente comprenda **la utilidad real de aprender a crear modelos 3D con inteligencia artificial**, ya que su aplicación en el aula puede enriquecer significativamente el proceso de enseñanza-aprendizaje en todas las etapas educativas.

### Educación Infantil

En esta etapa, los docentes pueden utilizar **plataformas con interfaces sencillas**, como **Meshy**, para generar **figuras 3D básicas** (animales, frutas, personajes) a partir de palabras clave o dibujos simples. Por ejemplo, al escribir «*un gato sonriente*», la herramienta puede transformar esa idea en un **muñeco 3D interactivo** que los niños pueden explorar en pantalla.

También pueden plantearse actividades tipo «*cuento interactivo*», en las que el alumnado colorea un dibujo en 2D y luego observa su **versión animada en 3D**, estimulando así la **creatividad** y la **percepción espacial** desde edades tempranas.

## Educación Primaria

En este nivel, los docentes pueden integrar **modelos 3D generados con IA** en áreas como ciencias, sociales o educación artística. Herramientas como **Lumalabs** permiten crear maquetas digitales de **monumentos históricos, animales** o **elementos del medio natural**. Por ejemplo, en algunas escuelas, los estudiantes diseñan e imprimen en 3D réplicas de monumentos para **comprender mejor los contenidos de historia**. Asimismo, se pueden modelar **planetas del sistema solar, estructuras geométricas que se puedan manipular** o **escenarios interactivos**, ofreciendo así una experiencia didáctica tanto **visual como táctil**.

## Educación Secundaria Obligatoria (ESO)

A partir de Secundaria, se pueden desarrollar **proyectos más complejos y contextualizados**. En biología, por ejemplo, el alumnado puede usar herramientas como **Lumalabs** o **Tripo 3D** para generar **modelos 3D de órganos o células**, que luego pueden imprimirse o visualizarse en **realidad aumentada**. Está demostrado que **la incorporación de impresión 3D en ciencias mejora la comprensión del funcionamiento celular y molecular**.

En geografía, es posible modelar **relieves, volcanes o ciudades** en 3D para analizar fenómenos naturales. En tecnología o dibujo técnico, plataformas como **Masterpiece Studio** permiten convertir bocetos técnicos en **prototipos tridimensionales** listos para su ensamblaje. Incluso en materias como idiomas o literatura, se pueden crear **escenarios virtuales narrativos** en 3D con **DeepMotion**, animando personajes basados en textos descriptivos, lo que **favorece la comprensión lectora y la expresión oral**.

## Bachillerato

En este nivel, los contenidos 3D se pueden vincular a **materias avanzadas y proyectos multidisciplinares**. En física o ingeniería, es posible modelar estructuras como **puentes o circuitos** y simular fuerzas mediante *software* educativo.

En química, visualizar **moléculas complejas en tres dimensiones** ayuda a comprender su **geometría y enlaces**. En asignaturas de arte y diseño, herramientas como **Masterpiece Studio** permiten crear **obras tridimensionales** para presentar en un **portafolio digital profesional**. Asimismo, se pueden desarrollar **proyectos de videojuegos educativos**, donde el alumnado utiliza **Meshy** para crear personajes o entornos 3D mediante *prompts* de texto, que luego integran en plataformas como **Unity**, combinando **creatividad, programación e inteligencia artificial**.

## Formación Profesional (FP)

En los ciclos formativos de perfil tecnológico o artístico, la IA aplicada al modelado 3D ofrece **grandes ventajas en diseño y prototipado rápido**. Por ejemplo, en **Mecatrónica**, se puede partir de un simple boceto en 2D y, utilizando **Tripo 3D** o **3D AI Studio**, obtener un **modelo tridimensional listo para imprimir**.

En ciclos de **animación y videojuegos**, herramientas como **Masterpiece** y **Meshy** permiten generar personajes que luego se pueden animar mediante **captura de movimiento** *(Plask)* o *prompts* **de texto** *(DeepMotion)*, facilitando la creación de contenidos audiovisuales.

En áreas como **arquitectura, carpintería o madera**, los estudiantes pueden convertir planos en **maquetas digitales 3D**, y experimentar con diferentes materiales y acabados gracias a **IA especializadas en texturas**. En todos estos casos, se fomenta el **aprendizaje práctico y colaborativo**, ya que muchos proyectos implican la exportación de modelos a herramientas como **Unity** o **Blender** para su presentación o desarrollo en clase.

## 8.9 Actividad 27: creación de un modelo 3D con IA

Como se ha comentado en el apartado anterior, la plataforma **Tripo 3D** permite, de forma muy sencilla, **crear modelos tridimensionales a partir de una descripción escrita**. Esta funcionalidad resulta especialmente útil en el entorno educativo, ya que permite generar materiales visuales sin necesidad de conocimientos técnicos previos.

En este caso, el **profesor de Geografía e Historia** ha tenido la idea de crear un **modelo 3D de Felipe V** para captar mejor la atención de su alumnado durante la lección sobre **«El modelo político del antiguo régimen»**. El objetivo es que los estudiantes puedan **interactuar con el modelo 3D** y observar cómo vestía el monarca en esa época.

Para llevar a cabo esta actividad, siga los pasos que se detallan a continuación:

**Paso previo: organización de marcadores**

Cree una carpeta en la barra de marcadores de su navegador con el nombre **«3D»**, donde podrá guardar los enlaces a las herramientas de inteligencia artificial relacionadas con el modelado tridimensional.

**Paso 1. Eliminar el fondo de la imagen de Felipe V (Figura 7.6 de la Actividad 17)**

1. Acceda a la página https://www.remove.bg/es, que permite **eliminar el fondo de una imagen** de forma automática y gratuita.
   *(No es necesario registrarse)*

2. Suba la imagen de **Felipe V** (Figura 7.6). Tras unos segundos, el fondo se eliminará. Presione el botón **Descargar** y seleccione la opción **Gratis**.

3. Guarde la imagen obtenida en la carpeta **«Temporal»** con el nombre: Felipe_V_sin_fondo.png

**Figura 8.19:** Imagen sin fondo

## Paso 2. Convertir la imagen de Felipe V en un modelo 3D

1. Abra la página web de Tripo 3D a través de cualquiera de estos dos enlaces: https://www.tripo3d.ai/

**Figura 8.20:** Enlace

2. Una vez en la página, haga clic en la parte superior derecha sobre **Reg./Ingr.** para registrarse utilizando su cuenta de Gmail.

3. En la siguiente pantalla, pulse el botón **Saltar** para omitir configuraciones adicionales.

4. Complete brevemente el formulario con las preguntas iniciales que le aparecerán.

5. Cuando se abra la **ventana principal de Tripo 3D**, deberá **subir la imagen sin fondo de Felipe V** desde la carpeta **«Temporal»**. Para ello, presione el botón que aparece a la izquierda del recuadro **Ingrese una descripción**.

6. En la ventana emergente, elija la opción **+Imagen única** y cargue el archivo **Felipe_V_sin_fondo.png**.
*(Recuerde: **no funcionará** si la imagen tiene fondo)*

7. Una vez cargada la imagen, pulse el botón **Generar.**

8. Tras unos minutos, se generará el **modelo 3D de Felipe V**, que se mostrará en pantalla en movimiento. Para mejorar su calidad, presione el botón **Textura HD.**

9. Cuando el modelo esté finalizado, haga clic sobre él para abrirlo en una nueva ventana. En la parte inferior, seleccione el **formato glb** y pulse el botón **Descargar**.

10. Guarde el archivo en la carpeta **«Temporal»** con el nombre: **Modelo_3d_Felipe_V.glb.**

En la próxima actividad aprenderá **cómo utilizar este modelo 3D** de diferentes formas.

## 8.10 Formas de usar un modelo 3D generado con IA

Una vez creado el modelo 3D de Felipe V, se abre un abanico de posibilidades didácticas para su uso en distintos contextos educativos. A continuación, se presentan varias **formas de aplicación del modelo**, así como **propuestas innovadoras basadas en inteligencia artificial** que pueden integrarse en el aula para enriquecer el aprendizaje.

### 1. Interacción libre con el modelo 3D

**Descripción:** subir el modelo a una plataforma que permita al alumnado manipularlo directamente (girar, ampliar, explorar detalles). **Aplicación:** favorece la exploración activa del personaje, permitiendo observar su indumentaria, símbolos del poder real o postura corporal, fomentando así la observación crítica.

### 2. Impresión 3D del modelo

**Descripción:** imprimir el personaje en una impresora 3D para que los alumnos lo pinten o decoren manualmente.

**Aplicación:** facilita actividades artísticas, plásticas o históricas, en las que se pueda reflexionar sobre colores, uniformes y simbología del poder real.

### 3. Animación del personaje para realidad aumentada (RA)

**Descripción:** animar el modelo para que realice gestos o acciones, e integrarlo en entornos de RA donde reaccione según la interacción del alumnado.

 FLORENTINO BLAS FERNÁNDEZ CUETO

**Aplicación:** permite al alumnado ver al personaje moverse, hablar o reaccionar dentro de su entorno real usando un móvil o tableta, mejorando el grado de inmersión e implicación emocional.

## 4. Integración en entornos virtuales históricos

**Descripción:** incorporar el modelo en escenarios más amplios, como un palacio, una sala del trono o una ciudad barroca.

**Aplicación:** favorece un aprendizaje inmersivo e interdisciplinar, permitiendo que el alumnado se desplace por entornos simulados y experimente situaciones del pasado.

## 5. Interacción conversacional con IA personalizada

**Descripción:** integrar el modelo 3D con una IA conversacional (como ChatGPT) programada para responder como si fuera Felipe V.

**Aplicación:** el alumnado puede formular preguntas al personaje y recibir respuestas contextualizadas, simulando una entrevista histórica interactiva.

## 6. Vídeos educativos animados con IA

**Descripción:** generar escenas en las que el personaje animado explique hechos históricos utilizando voz sintetizada o IA narrativa.

**Aplicación:** útil tanto para la creación de vídeos explicativos como para actividades donde los alumnos elaboren sus propios contenidos audiovisuales.

## 7. Avatares educativos en videojuegos o simuladores

**Descripción:** incorporar al personaje como guía, juez o acompañante dentro de un juego educativo o simulador.

**Aplicación:** permite gamificar procesos históricos, mediante misiones narrativas para resolver conflictos diplomáticos o corregir hechos históricos ficticios.

## 8. Realidad virtual inmersiva (VR)

**Descripción:** utilizar el modelo en entornos de realidad virtual donde el alumnado pueda explorar en primera persona.

**Aplicación:** el alumnado podrá, por ejemplo, desplazarse por la corte, asistir a reuniones políticas o experimentar escenas clave del periodo histórico.

## 9. Creación de cómics y narrativas gráficas interactivas

**Descripción:** exportar imágenes del modelo 3D y combinarlas con IA generativa de texto para construir historias visuales o cómics educativos.

**Aplicación:** actividad creativa que fomenta la comprensión histórica y la expresión escrita, vinculando contenido visual e interpretación de hechos históricos.

## 10. Integración en escenas interactivas (Genially, Thinglink, etc.)

**Descripción:** insertar el modelo como un elemento activo dentro de una escena interactiva junto con otros recursos multimedia (audios, vídeos, mapas).

**Aplicación:** ideal para actividades de investigación, juegos tipo *escape room* histórico, líneas del tiempo interactivas o reconstrucciones cronológicas.

En la **Figura 8.21** puede visualizar el **modelo 3D de Felipe V** generado en la **Actividad 27**, accediendo a la plataforma *online*: https://glb.ee/

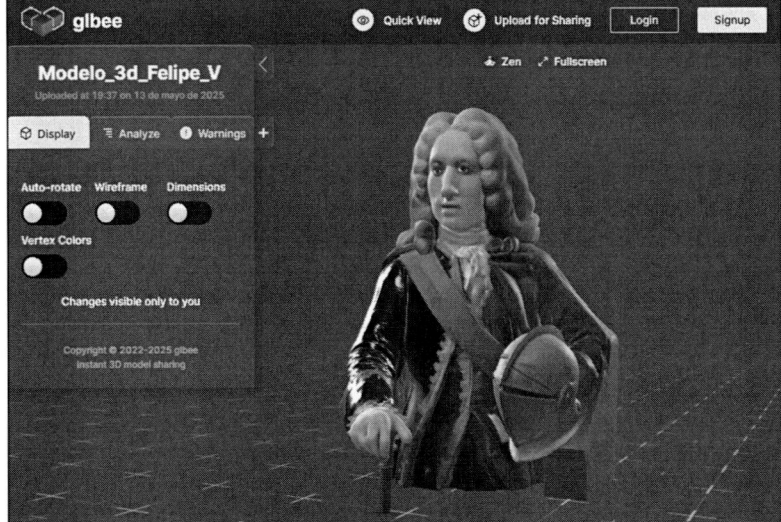

**Figura 8.21:** Modelo 3D de Felipe V en el visor 3D *online*

Una vez dentro de esta plataforma, podrá **mover, rotar y explorar el modelo en cualquier dirección**, lo que permite observar detalles desde diferentes perspectivas.

Este recurso puede ser compartido con el alumnado, para que ellos mismos puedan **subir el modelo y manipularlo de forma interactiva** desde sus dispositivos.

Si desea descargar el modelo 3D, puede hacerlo directamente a través del siguiente enlace: https://bit.ly/3S2zA11

**Figura 8.22:** Modelo 3D

# CAPÍTULO 9 – EL FUTURO DE LA IA EN LA EDUCACIÓN: ASISTENTES, ACTIVIDADES Y RECURSOS

La transformación que está experimentando la educación no ha hecho más que comenzar, y todo indica que se intensificará con el paso del tiempo. Lejos de perder protagonismo, el papel del docente se vuelve ahora más relevante que nunca. Es precisamente el profesorado quien debe **liderar y guiar al alumnado en el uso responsable y pedagógico de la inteligencia artificial** a lo largo de su etapa educativa.

La IA no debe entenderse como un sustituto del docente, sino como una **herramienta de apoyo poderosa pero limitada**, que no es consciente de sus errores ni de los sesgos que puede reproducir. Por ello, es fundamental que toda la comunidad educativa comprenda qué es realmente la inteligencia artificial, **cuáles son sus límites**, y qué implicaciones puede tener un uso acrítico o incondicional por parte del alumnado. Solo así se evitará que estos recursos se conviertan en una fuente de desinformación o dependencia que afecte negativamente a su proceso formativo.

Este penúltimo capítulo tiene como objetivo ofrecer una **visión más amplia y práctica** sobre lo que ya se puede hacer con IA en educación. A lo largo del libro hemos trabajado con herramientas consolidadas que llevan más de un año en funcionamiento y que han demostrado ser útiles en entornos reales. Sin embargo, por cuestiones de espacio, no ha sido posible incluir el uso de muchas otras **IA emergentes y avanzadas** que tanto docentes como estudiantes ya están comenzando a explorar.

Además, se incluye un **listado de inteligencias artificiales especializadas por áreas educativas**, como las ya presentadas **Expert IA** o la experta en alumnado con necesidades educativas especiales, diseñadas y entrenadas específicamente con materiales actualizados para su uso libre en el aula.

También se presenta **una técnica 100 % fiable** para identificar si un alumno ha utilizado inteligencia artificial en la realización de un trabajo o tarea, una preocupación creciente entre docentes de todos los niveles.

Todo esto, y algunos contenidos extra, estarán disponibles conforme avance la lectura de este capítulo, que pretende ser una guía inspiradora y realista para seguir innovando con criterio y propósito educativo.

## 9.1 Asistentes vs. agentes de IA

A lo largo del libro hemos trabajado con **asistentes de inteligencia artificial educativos**, como **Expert IA**, que responden a nuestras solicitudes de manera inmediata y precisa siempre que formulamos un *prompt* adecuado. Estas herramientas han demostrado ser muy útiles para generar contenidos, resolver dudas o diseñar actividades, siempre bajo la **supervisión activa del docente**.

Sin embargo, la evolución tecnológica ha dado lugar a una nueva generación de herramientas: los **agentes de IA**, que suponen un **salto cualitativo** en el uso de la inteligencia artificial en el entorno educativo. A diferencia de los asistentes, los agentes son capaces de **actuar de forma autónoma**, planificar secuencias didácticas completas y adaptativas, ejecutar tareas encadenadas y tomar decisiones en función de los resultados obtenidos, todo ello con una intervención mínima por parte del docente.

## 9.2 Diferencias clave entre asistentes y agentes de IA

Es fundamental comprender con claridad la diferencia entre asistentes y agentes de inteligencia artificial para **aprovechar al máximo el potencial educativo de ambas tecnologías**. Cada una ofrece ventajas distintas que, combinadas de forma estratégica, pueden enriquecer significativamente la práctica docente.

## 1. Reactividad frente a autonomía

- **Asistente de IA:** responde a peticiones específicas como *«Crea un cuestionario de 10 preguntas sobre la Revolución francesa»* y detiene su acción tras entregar la respuesta.

- **Agente de IA:** recibe una tarea amplia, como *«Mejorar la competencia lectora en 3.º de ESO»* y, a partir de ahí, evalúa el progreso del alumnado, genera materiales adaptados (resúmenes, fichas, ejercicios), propone actividades de refuerzo y ajusta sus acciones de forma continua.

## 2. Tareas aisladas frente a flujos de trabajo complejos

- El asistente ejecuta comandos individuales uno a uno.

- El agente **combina múltiples herramientas** (por ejemplo: NotebookLM para resumir textos, Brisk Teaching para generar rúbricas, Meshy o Lumalabs para integrar modelos 3D) y las **sincroniza de forma automatizada** según el rendimiento y las necesidades del alumnado.

## 3. Dependencia del docente frente a intervención mínima

- Con un asistente, el docente debe redactar cada *prompt* y guiar el proceso paso a paso.

- Con un agente, basta con **proporcionar un resumen inicial** (objetivos, criterios de éxito, plazos) y el sistema actúa de manera autónoma, informando solo en los momentos clave o si detecta desviaciones relevantes.

Este enfoque marca el inicio de una nueva etapa en la integración de la IA en la educación, en la que el docente no es reemplazado, sino reforzado por herramientas que **automatizan procesos rutinarios** y permiten dedicar más tiempo a la **atención pedagógica personalizada**.

En un próximo libro explicaré cómo diseñar agentes de IA especializados en el ámbito educativo, capaces de:

- Asistir a los docentes en la **generación automática de la documentación de calidad de los centros integrados o CIFP.**

- Crear, a partir de los contenidos curriculares de cualquier asignatura, todo tipo de materiales (textos, vídeos, exámenes, cuestionarios, rúbricas, etc.) sin intervención manual.

La publicación de esa segunda obra dependerá de la acogida que tenga este libro en la comunidad escolar: cuantos más ejemplares se vendan, mayor será la confianza del editor para continuar esta línea. <u>Por tanto, querido lector, de usted depende que pueda escribir esa continuación:</u> comparta y recomiende este libro entre sus colegas para que otros docentes se beneficien de sus contenidos y, juntos, impulsemos una enseñanza más innovadora y eficaz.

## 9.3 Relación de asistentes educativos especializados

Tal y como avanzaba al inicio de este capítulo, quiero poner a su disposición **asistentes de IA** similares a **Expert IA**, pero **especializados en distintas áreas del conocimiento educativo** para apoyar su labor docente.

Debe tener en cuenta que la creación de cada asistente implica invertir **muchas horas de entrenamiento**, así como reunir la **documentación específica** de cada asignatura (lecciones, actividades, contenidos curriculares, etc.). Por ese motivo, aún faltan asistentes para niveles como Bachillerato o Formación Profesional, entre otros.

A continuación, encontrará los enlaces a los asistentes disponibles. Puede utilizarlos de forma **gratuita**, pero recuerde que deberá **registrarse previamente en POE** con su cuenta de Gmail para acceder a ellos.

| NOMBRE Y FUNCIÓN | ENLACES | |
|---|---|---|
| **Asistente_directores** Asistente especializado en ayudar a los directores de los centros educativos en todo tipo de tareas. | https://bit.ly/4mgqT11 | Figura 9.1: Enlace |

**Tabla 9.1:** Asistente para directores de los centros educativos

| NOMBRE Y FUNCIÓN | ENLACES | |
|---|---|---|
| **Tutora_Biblioteca**<br>Especializada en tareas de biblioteca. Está entrenada con documentación relacionada con las bibliotecas, cómo organizarlas, etc. | https://bit.ly/4jmhVNf | <br>Figura 9.2: Enlace |

Tabla 9.2: Asistente ayudante en labores de biblioteca

| NOMBRE Y FUNCIÓN | ENLACES | |
|---|---|---|
| **Polos_Creativos**<br>Esta asistente puede ayudar en las tareas relacionadas con el *software* y *hardware* de los Polos Creativos. | https://bit.ly/3Zdz4RO | <br>Figura 9.3: Enlace |

Tabla 9.3: Asistente para los docentes de los Polos Creativos

| NOMBRE Y FUNCIÓN | ENLACES | |
|---|---|---|
| **Experto_CEIP**<br>Puede asesorar a los docentes de Educación Infantil y Primaria en tareas educativas. | https://bit.ly/43tsLfj | <br>Figura 9.4: Enlace |

Tabla 9.4: Asistente especializado en Educación Infantil y Primaria

| NOMBRE Y FUNCIÓN | ENLACES | |
|---|---|---|
| **Experto_Electronica**<br>Entrenado en el área de la electrónica, pero no en todas las especialidades. | https://bit.ly/4detDl6 | <br>Figura 9.5: Enlace |

Tabla 9.5: Asistente especializado en electrónica

## 9.4 Actividad 28: cómo trabajar con los asistentes de IA

Este apartado se refiere **exclusivamente a los asistentes de IA que he creado** para apoyar a los docentes y que le he mostrado a lo largo de todo el libro. Aunque en la Actividad 4 del apartado 4.2 del Capítulo 4 ya expliqué cómo utilizarlos con **Expert IA**, no le había descrito las siguientes recomendaciones para trabajar con ellos:

- **Errores y limitaciones:** estos asistentes no son seres conscientes ni sustituyen la experiencia de un docente. Pueden generar respuestas incorrectas o imprecisas.

- **Reformulación de consultas:** si la respuesta no le convence, replantee la pregunta aclarando lo que falta o corrigiendo el error.

- **Dependencia de la documentación:** la calidad de la respuesta depende de la información con la que haya sido entrenado el modelo. Si no dispone de la documentación adecuada, la respuesta puede ser incompleta.

- **Precisión en el *prompt*:** antes de consultar, defina claramente su rol (*«Soy profesor de...»*) y el objetivo de la pregunta. Cuanto más detalle y contexto proporcione, más ajustada será la respuesta.

Con estas pautas en mente, recuerde que estos asistentes son **herramientas de apoyo**: valiosos, pero **insustituibles** del juicio y la experiencia del docente.

## 9.5 Resumen de actividades y aprendizajes del libro

He incluido este apartado como síntesis de las **28 actividades prácticas** desarrolladas a lo largo del libro, **con el objetivo de que pueda consultarlas de forma unificada** y tener una visión clara de lo que aporta cada una. En cada caso se indica el título de la actividad, su objetivo formativo principal, las competencias digitales clave que se trabajan y el capítulo en el que se encuentra, lo que le permitirá localizar rápidamente la información que necesite y valorar su aplicación en su práctica docente.

**Actividad 1: presentación del libro por Cervantes** (Capítulo 2)

**Objetivo:** disponer de un ejemplo de cómo usar la IA aplicada en educación.

**Competencia:** alfabetización digital inicial.

**Actividad 2: creación de una cuenta de correo electrónico** (Capítulo 3)

**Objetivo:** gestionar la comunicación institucional mediante una cuenta digital.

**Competencias:** comunicación digital, gestión de identidad y perfiles profesionales.

**Actividad 3: organización de carpetas en Google Drive** (Capítulo 3)

**Objetivo:** clasificar, guardar y gestionar recursos educativos en la nube.

**Competencias:** gestión de archivos, organización de información y trabajo colaborativo.

**Actividad 4: instalación de Expert IA en el dispositivo móvil** (Capítulo 4)

**Objetivo:** configurar el acceso al asistente educativo desde el teléfono móvil.

**Competencias:** uso de aplicaciones educativas y resolución técnica básica.

**Actividad 5: uso pedagógico de Expert IA** (Capítulo 4)

**Objetivo:** formular *prompts* adecuados y revisar críticamente las respuestas del asistente.

**Competencias:** interacción con IA, pensamiento crítico y generación de recursos.

**Subactividades:**

5.1. Creación de un cuento para Educación Infantil

5.2. Ejercicio interactivo para Primaria

5.3. Resumen de la Revolución francesa en la ESO

5.4. Estudio de la termodinámica en Bachillerato

5.5. Gestión de equipos en Formación Profesional

**Actividad 6: uso de documentos con Expert IA** (Capítulo 4)

**Objetivo:** personalizar las respuestas del asistente mediante la subida de documentos propios.

**Competencias:** gestión avanzada de información y personalización de contenidos.

**Actividad 7: instalación de la aplicación de ChatGPT** (Capítulo 4)

**Objetivo:** configurar ChatGPT para tareas de generación de texto y apoyo en el aula.

**Competencias:** uso de herramientas conversacionales y configuración básica.

**Actividad 8: configuración del navegador Google Chrome** (Capítulo 5)
**Objetivo:** optimizar el navegador para alojar extensiones útiles en la práctica docente.
**Competencias:** personalización del entorno digital y navegación segura.

**Actividad 9: instalación de Perplexity AI** (Capítulo 5)
**Objetivo:** utilizar un buscador basado en IA con referencias actualizadas y contrastadas.
**Competencias:** búsqueda y análisis de información y pensamiento crítico.

**Actividad 10: instalación de NotebookLM** (Capítulo 5)
**Objetivo:** resumir y organizar documentos automáticamente.
**Competencias:** síntesis de información y organización del conocimiento.

**Actividad 11: instalación del *plugin* Brisk Teaching** (Capítulo 5)
**Objetivo:** crear rápidamente rúbricas y cuestionarios desde un documento.
**Competencias:** diseño de evaluaciones y automatización del *feedback*.

**Actividad 12: generador de *prompts* educativos *online*** (Capítulo 6)
**Objetivo:** aprender a redactar *prompts* efectivos según distintos objetivos pedagógicos.
**Competencias:** comunicación con IA y creatividad escrita.

**Actividad 13: adaptación de actividades a alumnado con NEE** (Capítulo 6)
**Objetivo:** personalizar propuestas educativas mediante un asistente especializado.
**Competencias:** atención a la diversidad y diseño universal para el aprendizaje.

**Actividad 14: utilización combinada de ChatGPT y Expert IA** (Capítulo 6)
**Objetivo:** generar y enriquecer el desarrollo de una lección a través de la colaboración entre dos asistentes.
**Competencias:** planificación didáctica y uso combinado de herramientas.

**Actividad 15: integración de Perplexity AI y Brisk Teaching** (Capítulo 6)
**Objetivo:** investigar y evaluar contenidos mediante el uso complementario de estas herramientas.
**Competencias:** investigación asistida por IA y evaluación automatizada.

**Actividad 16: uso de NotebookLM para generar contenidos** (Capítulo 6)
**Objetivo:** obtener esquemas, glosarios y preguntas clave a partir de documentos.
**Competencias:** síntesis semántica y gestión de contenidos educativos.

**Actividad 17: generación de una imagen realista de un personaje histórico** (Capítulo 7)
**Objetivo:** crear contenido visual de calidad para enriquecer materiales de aula.
**Competencias:** alfabetización visual y producción gráfica.

**Actividad 18: diseño de una portada para una lección** (Capítulo 7)
**Objetivo:** elaborar portadas atractivas y significativas para materiales educativos.
**Competencias:** comunicación visual y diseño gráfico básico.

**Actividad 19: generación de voz con IA** (Capítulo 7)
**Objetivo:** crear narraciones con voz sintética para recursos históricos.
**Competencias:** producción de audio y accesibilidad educativa.

**Actividad 20: creación de música con IA** (Capítulo 7)
**Objetivo:** componer música de fondo para presentaciones o vídeos educativos.
**Competencias:** creatividad sonora y edición multimedia.

**Actividad 21: animación de una fotografía** (Capítulo 7)
**Objetivo:** dar vida a imágenes estáticas para ilustrar contenidos en vídeo.
**Competencias:** animación básica y narrativa visual.

**Actividad 22: elaboración de una lección con portada interactiva** (Capítulo 7)
**Objetivo:** crear un documento que combine texto, ilustración y elementos interactivos.
**Competencias:** integración multimedia y uso de códigos QR.

**Actividad 23: presentación de un personaje con música** (Capítulo 8)
**Objetivo:** integrar vídeo y música para reforzar contenidos históricos.
**Competencias:** edición audiovisual y producción de presentaciones educativas.

**Actividad 24: creación de un vídeo introductorio a una lección** (Capítulo 8)
**Objetivo:** realizar un vídeo breve que introduzca un nuevo tema en el aula.
**Competencias:** comunicación digital y narrativa audiovisual.

**Actividad 25: generación de una página web con contenidos educativos**
(Capítulo 8)
**Objetivo:** unificar materiales digitales de una lección en un solo espacio web.
**Competencias:** organización digital y desarrollo web básico.

**Actividad 26: publicación de una página educativa en Google Sites**
(Capítulo 8)
**Objetivo:** alojar y compartir materiales desde un sitio web accesible para el alumnado.
**Competencias:** difusión de contenidos y colaboración en línea.

**Actividad 27: creación de un modelo 3D con inteligencia artificial**
(Capítulo 8)
**Objetivo:** generar un personaje o recurso tridimensional para fines educativos.
**Competencias:** alfabetización 3D e integración visual en proyectos.

**Actividad 28: buenas prácticas con asistentes de IA** (Capítulo 9)
**Objetivo:** reflexionar sobre el uso pedagógico de los asistentes y sus limitaciones.
**Competencias:** ética digital, pensamiento crítico y uso responsable de la tecnología.

## 9.6 Relación de herramientas de IA y casos de uso

También he querido incluir en este apartado un cuadro de doble entrada que resume de forma clara y estructurada todas las herramientas de inteligencia artificial utilizadas en **25 de las 28 actividades** desarrolladas a lo largo del libro. Para cada una de ellas se indican las actividades en las que se ha aplicado y una breve descripción de su utilidad didáctica, lo que le permitirá identificar con rapidez qué herramienta emplear según el tipo de necesidad pedagógica que se le plantee.

| Herramienta de IA | Actividad (es) | Caso(s) de uso educativo |
| --- | --- | --- |
| Expert IA | 4, 5, 6 | Asistente pedagógico en dispositivo móvil: interacción conversacional, generación de cuentos, ejercicios y resúmenes adaptados a niveles educativos distintos. |
| *App* de ChatGPT | 7 | Generación de textos de apoyo (guías, explicaciones, ejemplos) para enriquecer materiales de clase. |
| Extensiones y accesos directos en Chrome | 8 | Optimización del navegador para integrar accesos rápidos a herramientas de IA y garantizar seguridad básica. |
| Perplexity AI | 9, 15 | Búsqueda asistida con referencias bibliográficas; complemento de la investigación en el aula y generación de cuestionarios. |
| NotebookLM AI | 10, 16 | Resúmenes automáticos, extracción de glosarios y esquemas a partir de documentos educativos subidos. |
| Brisk Teaching *(plugin)* | 11, 15 | Creación rápida de cuestionarios y rúbricas desde textos existentes; automatización de la evaluación formativa. |
| Generador de *prompts* educativos *online* | 12 | Herramienta para diseñar y mejorar la redacción de instrucciones *(prompts)* dirigidas a cualquier asistente de IA. |

| Herramienta de IA | Actividad (es) | Caso(s) de uso educativo |
|---|---|---|
| Asistente IA especializado NEE | 13 | Adaptación de actividades para alumnado con necesidades educativas especiales, generando contenidos inclusivos y accesibles. |
| Integración ChatGPT + Expert IA | 14 | Flujo combinado de dos asistentes para planificar y enriquecer guías didácticas de forma colaborativa. |
| Generador de imágenes IA | 17 | Creación de representaciones visuales (por ejemplo, personajes históricos) para ilustrar materiales de clase. |
| Herramienta de diseño de portadas IA | 18 | Diseño automático de portadas atractivas para lecciones y documentos educativos. |
| Síntesis de voz IA | 19 | Generación de narraciones en audio (por ejemplo, voz histórica) para mejorar la accesibilidad y el interés del alumnado. |
| Composición musical IA | 20 | Creación de fondos sonoros personalizados para presentaciones y vídeos educativos. |
| Animación de fotografías IA | 21 | Dinámicas visuales al dar movimiento a imágenes estáticas, fomentando la motivación y la narrativa digital. |
| Portada interactiva con QR | 22 | Documento impreso que combina texto, imagen y código QR para acceder a contenidos multimedia vinculados. |

| Herramienta de IA | Actividad (es) | Caso(s) de uso educativo |
|---|---|---|
| Creación de presentaciones audiovisuales | 23 | Montaje de presentaciones que integran vídeo e IA musical para contextualizar temas de manera atractiva. |
| Generador de vídeos introductivos IA | 24 | Vídeos breves de introducción a lecciones, que combinan texto, locución y elementos gráficos generados por IA. |
| Generador de páginas web educativas | 25 | Publicación en línea de contenidos de la lección mediante asistentes que generan código y maquetación básicos. |
| Google Sites (hosting) | 26 | Alojamiento colaborativo de la web educativa generada, facilitando el acceso y la edición compartida. |
| Generador de modelos 3D IA | 27 | Creación de recursos tridimensionales para proyectos STEM, permitiendo la visualización de estructuras complejas. |
| Asistentes de IA genéricos | 28 | Buenas prácticas para maximizar el uso de distintos asistentes, evaluación de sus limitaciones y reflexiones éticas. |

**Tabla 9.6:** Relación de herramientas de IA junto con sus actividades

Con esta relación, usted dispone de un índice rápido de cada herramienta de IA y su aplicación práctica en el aula, lo que facilita la selección acorde a los objetivos formativos y las competencias digitales que desee trabajar.

## 9.7 Canales de YouTube recomendados

Desde hace algunos años sigo con regularidad varios canales de YouTube especializados en inteligencia artificial, de los cuales he aprendido enormemente, **especialmente por su enfoque didáctico y pedagógico**, así como por la actualización constante que ofrecen sobre las últimas novedades en el uso educativo de la IA. A continuación, le presento una selección de esos canales, acompañada de una breve descripción y su enlace correspondiente.

| CANAL | DESCRIPCIÓN | ENLACES |
|---|---|---|
| DotCSV | Tal vez el mejor canal sobre IA. | https://www.youtube.com/c/DotCSV |
| Roxana Falasco | Experta en todo tipo de contenidos. | https://www.youtube.com/@RoxanaFalasco |
| Gustavo Entrala | Experto en usar la IA. | https://www.youtube.com/@gustavo-entrala |
| Conciencia artificial | Últimas noticias sobre IA. | https://www.youtube.com/@Conciencia_Artificial |
| Arte Pro | Sobre el uso de la IA en el arte. | https://www.youtube.com/@ArtePro_Oficial |
| ToleJavi | Tutoriales, análisis, noticias. | https://www.youtube.com/@ToleJavi |
| Gonzalo de la Campa | Experto en usar la IA. | https://www.youtube.com/@Gonzalodelacampa |
| IA Educación | Aplicación de la IA en la educación. | https://www.youtube.com/@anahenriquezorreg o8788 |

**Tabla 9.7:** Canales de inteligencia artificial en YouTube recomendados

Cabe señalar que existen muchos otros canales, especialmente en inglés, que pueden resultar de gran utilidad para cualquier docente, independientemente del nivel educativo en el que trabaje. Estos recursos permiten estar al día en un campo en constante evolución y aprender a aplicar las nuevas herramientas de inteligencia artificial en el ámbito educativo de forma práctica y eficaz.

## 9.8 Cómo saber si un alumno usa la IA en un trabajo

Lo prometido es deuda. Al comienzo de este capítulo le adelanté que le explicaría **una forma totalmente fiable** de saber si un alumno ha realizado un trabajo utilizando inteligencia artificial. A continuación, le presento el único método que, aplicado correctamente, garantiza una detección certera al cien por cien.

En el ámbito educativo **no existen los atajos ni las soluciones milagrosas**, especialmente cuando se trata de comprobar si un alumno ha plagiado un trabajo o ha utilizado herramientas de inteligencia artificial para realizar una tarea. Desde mucho antes de la aparición de ChatGPT, ya venía aplicando una metodología eficaz para detectar desde el principio si un estudiante recurriría a este tipo de prácticas en los trabajos posteriores.

**El procedimiento es sencillo, aunque requiere constancia por parte del profesorado.** Consiste en lo siguiente: el primer día de clase, les indico que deben adquirir una libreta y un bolígrafo, ya que durante los primeros quince días les dicto contenidos y les pido que redacten a mano. Aunque a simple vista pueda parecer contradictorio respecto al uso de tecnologías y herramientas de inteligencia artificial, no lo es, ya que esta práctica les ayuda a comprender y retener mejor los conceptos. **La escritura manual refuerza el aprendizaje.**

Al mismo tiempo, esta dinámica me permite observar cómo redactan y cuál es su estilo de escritura. **Durante ese periodo, también les asigno tareas por escrito, lo que me proporciona una referencia clara de su nivel y su forma de expresarse.** Una vez transcurridos esos quince días, y al recibir posteriormente trabajos a través de plataformas como Moodle, puedo detectar fácilmente si han copiado o no. Las diferencias en el estilo de redacción son evidentes. Así es como, con total fiabilidad, puedo saber si el contenido ha sido generado por ellos o por una herramienta de IA.

Ahora bien, es cierto que este método exige un esfuerzo adicional por parte del docente. Sin embargo, es la única forma realmente efectiva de asegurarse de ello. Otra alternativa igualmente válida para evitar el plagio es plantear ejercicios o exámenes orales. No hay métodos más fiables.

# CAPÍTULO 10 – **EPÍLOGO**

Ha llegado al final de este libro, pero, antes de concluir, me gustaría compartir con usted algunas reflexiones que considero importantes.

## 10.1 Adaptación del libro según la comunidad autónoma o el país

Es importante tener presente que **este libro ha sido escrito con una perspectiva amplia**, orientada tanto a docentes de España como de los distintos países de habla hispana de América Latina. Esto significa que, aunque los conceptos, actividades y ejemplos tienen un enfoque común y aplicable en muchos contextos, **tanto las explicaciones del texto como las respuestas generadas por los asistentes de inteligencia artificial** (creados por el autor para complementar el aprendizaje) **podrían no ajustarse de forma exacta a las normativas educativas específicas** de cada comunidad autónoma en España o de cada país latinoamericano. Por ello, **es fundamental que cada lector, ya sea docente, estudiante o formador, tenga en cuenta estas diferencias normativas y adapte las respuestas o propuestas educativas a su propio marco legal y curricular.** Dado que **resulta inviable entrenar estos asistentes con todas las normativas particulares de cada región educativa**, se recomienda **revisar, modificar y contextualizar las respuestas obtenidas**, especialmente cuando se trate de **aspectos curriculares, evaluativos o normativos. El uso crítico, reflexivo y adaptado de estas herramientas es clave** para que su aplicación educativa sea útil, coherente y ajustada a la realidad de cada entorno.

## 10.2 Conclusiones y perspectivas

**También este libro ha sido escrito con la intención de servir de apoyo a toda la comunidad docente**, y con la aspiración de tener una **larga vida útil.** Le explico: como ya le he comentado en capítulos anteriores, el desarrollo de nuevas herramientas de inteligencia artificial avanza a un ritmo vertiginoso, lo cual podría hacer pensar que este contenido quedará desfasado en poco tiempo. Sin embargo, no creo que sea así, y le explico por qué. **Este libro se basa en herramientas de IA consolidadas, que no solo han demostrado su utilidad, sino que además siguen evolucionando. Por ello, para todos aquellos docentes que nunca han trabajado con este tipo de tecnologías, seguirá siendo válido con el paso de los años.** Las bases metodológicas, los procedimientos y los enfoques que aquí se explican seguirán siendo aplicables; lo único que cambiará será la potencia y la sofisticación de las nuevas herramientas. En cualquier caso, estoy convencido de que aún faltan décadas para que una inteligencia artificial integrada en un humanoide pueda sustituir a un docente. No hablo de ciencia ficción, sino de realidades educativas. **Su papel como docente sigue siendo, y seguirá siendo, fundamental. Por ello, es imprescindible estar preparado para lo que vendrá con la integración de la IA en todos los niveles del sistema educativo.**

También quisiera comentarle que, personalmente, **siempre he animado a mis alumnos a utilizar la inteligencia artificial,** pero estableciendo antes unas pautas claras. **Les insisto en que se trata de una herramienta útil, pero que no deben confiar en ella ciegamente. Pueden utilizarla para resolver partes de un trabajo, pero luego deben razonar las respuestas y comprobar que son coherentes con lo que se les ha enseñado.**

Les contaré una anécdota que me ocurrió un mes después del lanzamiento de ChatGPT en noviembre de 2022. Uno de mis alumnos, que rara vez entregaba trabajos —y, cuando lo hacía, era fuera de plazo o con escasa calidad— me sorprendió con una entrega impecable: un ejercicio de programación de un microcontrolador, ejecutado a través de un simulador *online*, que funcionaba perfectamente. Le pregunté cómo lo había hecho, y me confesó que había utilizado ChatGPT. No solo me explicó que lo había usado, sino que detalló todos los pasos e interacciones que había tenido con la herramienta para resolver el problema. Aunque podría haberlo resuelto con apenas dos mensajes bien planteados, realizó más de ocho intentos hasta obtener el resultado esperado. Aprecié el esfuerzo, ese que hasta entonces no le había visto mostrar. Le felicité y le animé a seguir trabajando así, pero también le insistí en la necesidad de entender el funcionamiento de lo que había hecho.

**Por tanto, no se trata de negar el uso de la inteligencia artificial por parte del alumnado, sino de saber orientarle para que la utilicen de forma adecuada.** Debemos enseñarles a justificar lo que hacen, incluso si han contado con la ayuda de una IA. Siempre les repito: «**Después de que una IA te proporcione una respuesta, si no lo entiendes, pídele que te lo explique como si fueras un niño de diez años**». Mis alumnos son de Formación Profesional, y les insisto en que esa explicación simplificada muchas veces es exactamente lo que yo les he explicado en clase y que, por tanto, deben conocer y saber aplicar.

**Recuerde que la posibilidad de desarrollar una segunda entrega de este libro**, en la que profundizaré en la creación de asistentes educativos personalizados para cualquier nivel o asignatura, **dependerá del interés que despierte esta primera publicación**. La continuidad del proyecto permitirá ofrecer herramientas prácticas para que cualquier docente, sin necesidad de conocimientos técnicos, pueda generar sus propios asistentes en pocos pasos. Además, incluiré contenidos complementarios que, por cuestiones de espacio, no se han podido abordar en esta edición. Por ello, **si considera que este trabajo puede ser útil, le agradeceré que lo comparta con otros docentes interesados**, ya que su difusión es clave para hacer viable la siguiente fase.

Espero que los contenidos aquí recogidos le permitan **liberar tiempo para lo verdaderamente esencial** en el aula: **dialogar y empatizar con sus alumnos**, aprovechando la IA para que se convierta en un aliado de su labor pedagógica.

## 10.3 Epílogo personal: lo esencial nunca se debe olvidar

He querido dejar para el final lo que considero más importante. La inteligencia artificial es, sin duda, una herramienta poderosa con un gran potencial educativo. Sin embargo, como toda herramienta, **jamás podrá sustituir lo esencial: la figura del docente y los fundamentos del proceso de enseñanza-aprendizaje que siempre han funcionado.**

**En este camino hacia la innovación, no debemos olvidar lo que ha dado resultados durante generaciones: que los alumnos escriban a mano con bolígrafo y libreta, que aprendan a redactar con claridad, que lean libros y revistas impresas, que ejerciten su atención sin depender siempre de una pantalla.** La tecnología debe complementar, no reemplazar, estas prácticas fundamentales. Si perdemos de vista esto, si olvidamos la importancia de lo manual, de lo tangible, de lo humano... todo lo demás pierde sentido, aunque nos deslumbren las novedades.

Para mí, como autor de este libro y como educador, este es el mensaje clave: **nunca dejemos de escribir a mano, de tomar apuntes con papel y bolígrafo, de estudiar subrayando, reflexionando, tachando y corrigiendo con nuestras propias manos. Ese gesto tan simple, tan cotidiano, ha sido siempre mi mejor aliado para comprender, memorizar y aprender de verdad.**

Y deseo que siga siéndolo también para usted, querido compañero docente. Que la inteligencia artificial nos ayude a enseñar mejor, sí, pero sin que olvidemos nunca lo que nos hace verdaderamente humanos.

## 10.4 Y lo mejor, para el final

Aunque hemos llegado al final del libro, aún queda una última experiencia que me gustaría compartir con usted. Se trata de una pequeña sorpresa que va más allá de estas páginas... literalmente. Para disfrutarla, deberá seguir unos sencillos pasos, ya que lo que está a punto de ocurrir no parte de este libro, sino de la portada de otro. Así es: la portada de *El calculador de Anticitera*, mi anterior obra, será la clave para activar un contenido especial en realidad aumentada. ¿Listo para descubrirlo?

**Pasos para acceder a esta experiencia:**

1. **Localice el libro** *El calculador de Anticitera*, del mismo autor y publicado por la editorial Marcombo. *¿No lo tiene físicamente?* No se preocupe. Puede buscar la portada en Internet: le servirá igualmente para esta actividad.

2. **Desde su teléfono móvil**, acceda a esta página web mediante el código QR que aparece en la Figura 10.1 o escribiendo esta dirección: https://bit.ly/4klzrfm

3. **Una vez abierta la página**, presione el botón **Iniciar AR**.

Figura 10.1: Enlace

4. En ese momento, **se activará la cámara del móvil** y verá en la pantalla un mensaje que indica «Buscando la portada del libro». Entonces, enfoque con su cámara la portada de *El calculador de Anticitera*.

Si todo ha salido bien, se desencadenará un evento en realidad aumentada (con un regalo interactivo). Lo que ocurrirá a continuación... prefiero que lo descubra usted mismo. **Solo puedo adelantarle que es mi manera de agradecerle su tiempo**, su atención y su compromiso con una educación más innovadora.

Si desea comentar esta experiencia, tiene alguna duda o simplemente quiere aportar algo, puede escribirme a:

trabajoconiainteligencia@gmail.com